Nileen Marie Schaldach

FINGERFOOD –
SCHWÄBISCH GUT

Das liegt auf der Hand

Soulfood im Miniformat   5
Soulfood vom Feinsten *oder* Was passt wann?   6
Grundrezept Schwäbische Spätzle   9
Grundrezept Maultaschen   11

Auf die Hand   13

Mini-Kässpätzle-Muffins   15
Schupfnudel-Spieße   17
Maultaschen-Spieße mit Pimientos de Padron   19
Flädle Röllchen mit Lachs & Ricotta   21
Mini-Fleischküchle   23
Schwäbische Käsfüßle   25
Tomaten-Parmesan-Ruggele   27
Filderkraut-Pralinen mit Speck   29
Schwäbische Schlemmerbaguettes   31
Schinken-Käse-Hörnle   33
Schwäbische Mini-Dinneden   35
Zwiebel-Speck-Ecken   37
Schwarzwälder Brotstangen   39
Schwarzwälder Honigmelone   41
Gefüllte Champignons   43
Hackfleisch-Paprika-Schneckennudeln   45

Canapés & Aufstriche   47

Canapés mit Roastbeef & Balsamico-Zwiebeln   49
Canapés mit Forellencreme   51
Canapés mit Schinken vom Alblinsenschwein   53
Canapés mit Schweinelendchen   55
Luckeleskäs & Großmutters Kräuterbutter   57
Schwarzwälder-Schinken-Creme mit Rucola   59

Aus dem Glas   61

Maultaschensalat mit Schnittlauch-Vinaigrette   63
Spätzle-Ackersalat mit Bacon-Pralinen   65
Schwäbischer Kartoffelsalat mit Mini-Saitenwürstle   67
Gurkensalat mit Forellenfilets   69
Linsen-Spätzle-Salat   71
Schwäbischer Wurstsalat   73
Schwäbischer Filderkrautsalat   75

Soulfood im Miniformat

Die schwäbische Küche ist eine absolute Soulfood-Küche. Wer kann deftigen Kässpätzle mit Röstzwiebeln, Kartoffelsalat oder Linsen mit Spätzle und Saitenwürstle schon widerstehen?

STUTTGART – MEINE SCHWÄBISCHE HEIMAT

Als Münchner Foodbloggerin mit schwäbischen Wurzeln war ich hellauf begeistert von der Idee eines Buches mit schwäbischem Fingerfood. In Stuttgart aufgewachsen, mit den Gerichten meiner Mutter, Großmutter und Oma (zur einen sagen wir Großmutter, zur anderen Oma), habe ich die schwäbische Küche lieben gelernt. Das hätte auch ganz anders laufen können, wenn man bedenkt, dass ich weit weg in Indien geboren bin. Aber mein Weg sollte mich nach Stuttgart führen und so bin ich als Adoptivkind in einer wunderbaren Familie aufgewachsen. Ich erinnere mich noch gut an die Diskussionen mit den Cousins aus Baden-Baden, wenn es darum ging, original Schwäbisches bzw. Badisches zu unterscheiden. Zwischen Badenern und Schwaben gibt es nämlich große Unterschiede, das muss man wissen! In diesem Buch habe ich aber ein Auge zugedrückt und auch leckere Gerichte aus dem Badener Land einfließen lassen, wie beispielsweise das Schwarzwälder-Kirsch-Trifle.

Wenn ich heute meine Familie in Stuttgart besuche, freue ich mich auf die Gerichte meiner Kindheit und ein Stück schwäbische Kultur. Besonders genial finde ich, dass es schwäbische Esskultur nun auch in Form von Streetfood gibt.

Die Foodtrucks *Erna & Co.* und *Lou's Maultäschle* touren in und um Stuttgart herum und verkaufen feine schwäbische Spezialitäten.

VON LAUGENWECKLE & CO

Ein Schwabe, der sich außerhalb der schwäbischen Grenzen bewegt, wird beim Bäcker mit der Bestellung „Ein Laugenweckle, bitte!" kaum Erfolg haben. Das Weckle ist in Schwaben das Brötchen oder, wie hier in München gesagt wird, die Semmel. Genauso ist es mit Flädle. Als ich das erste Mal in München für meine Freunde eine Flädlesuppe gemacht und sie auf den Tisch gestellt habe, hörte ich lachend „Ach, Pfannkuchensuppe, sag's doch gleich!" Flädle sind also ganz einfach dünne Pfannkuchen, in feine Streifen geschnitten. Der Name Saitenwürstle dürfte vermutlich etwas geläufiger sein. Das sind ganz einfache Brühwürste, die woanders als Wiener Würstchen oder Frankfurter Würstchen bezeichnet werden.

Im Buch verwendete Abkürzungen und Symbole

TL	Teelöffel	EL	Esslöffel
g	Gramm	kg	Kilogramm
ml	Milliliter		

Die deftigen vegetarischen Rezepte im Buch sind mit einem grünen Blatt gekennzeichnet, alle Süßspeisen sind sowieso veggie.

Soulfood vom Feinsten

Ein Teller Maultaschen in der heißen Brühe mit Zwiebelschmälze ist Balsam vom Feinsten für die Seele. Viele Gerichte sind eher deftig und einige auch eher für die kältere Jahreszeit geeignet. Für dieses Buch habe ich Gerichte neu interpretiert und somit auch herrlich sommerliche Häppchen für den Picknickkorb oder die Gartenparty in lauen Sommernächten kreiert. Die Flädle-Röllchen mit Lachs sind ein solches Gericht, denn in Schwaben kommen Flädle eigentlich in die heiße Fleischbrühe zur klassischen Hochzeitssuppe.

Meine Gerichte sind schwäbisches Soulfood im Miniformat, ideal für Kindergeburtstage, Studentenpartys, Sommerpartys im Garten und besondere Anlässe. Den Empfehlungen können Sie entnehmen, welche Rezepte zu bestimmten Anlässen gut miteinander harmonieren.

Klassisches Schwäbisches Fingerfood-Buffet

Mini-Kässpätzle-Muffins, S. 15
Maultaschen-Spieße, S. 19
Schwäbische Mini-Dinnenden, S. 35
Luckeleskäs (mit Sauerteigbrot), S. 57
Schwäbischer Kartoffelsalat
mit Mini-Saitenwürstle, S. 67
Linsen-Spätzle-Salat, S. 71
Schwäbischer Filderkrautsalat, S. 75
Apfelkuchen-Muffins, S. 113
Schwäbische Flachswickel, S. 117
Schwäbischer Kirschenmichel, S. 125

Kindergeburtstags-Buffet

Mini-Kässpätzle-Muffins, S. 15
Schwäbische Käsfüßle, S. 25
Schwäbische Schlemmerbaguettes, S. 31
Schinken-Käse-Hörnle, S. 33
Hackfleisch-Paprika-Schneckennudeln, S. 45
Schwäbischer Kartoffelsalat
mit Mini-Saitenwürstle, S. 67
Fleischküchle-Burger, S. 87
Nuss-Ruggele, S. 109
Süße Hefezöpfle-Sandwiches, S. 115
Schwäbische Flachswickel, S. 117
Mini-Gugelhupfe, S. 123

Großer Sonntagsbrunch mit Familie & Freunden

Flädle-Röllchen mit Lachs & Ricotta, S. 21
Tomaten-Parmesan-Ruggele, S. 27
Filderkraut-Pralinen mit Speck, S. 29
Zwiebel-Speck-Ecken, S. 37
Schwarzwälder Honigmelone, S. 41
Canapés mit Forellencreme, S. 51
Schwarzwälder-Schinken-Creme, S. 59
Maultaschensalat
mit Schnittlauch-Vinaigrette, S. 63
Pulled-Pork-Burger mit Krautsalat, S. 89
Schwarzwälder-Kirsch-Trifle, S. 101
Träubles-Tartelettes, S. 111
Schwäbischer Kirschenmichel
mit Schokolade, S. 125

Edles Buffet zu besonderen Anlässen

Mini-Kässpätzle-Muffins, S. 15
Schwäbische Käsfüßle, S. 25
Schwäbische Schlemmerbaguettes, S. 31
Schinken-Käse-Hörnle, S. 33
Hackfleisch-Paprika-Schneckennudeln, S. 45
Schwäbischer Kartoffelsalat
mit Mini-Saitenwürstle, S. 67
Fleischküchle-Burger, S. 87
Nuss-Ruggele, S. 109
Süße Hefezöpfle-Sandwiches, S. 115
Schwäbische Flachswickel, S. 117
Mini-Gugelhupfe, S. 123

Studentenparty-Buffet

Mini-Kässpätzle-Muffins, S. 15
Schupfnudel-Spieße, S. 17
Maultaschen-Spieße, S. 19
Schwäbische Käsfüßle, S. 25
Schwäbische Schlemmerbaguettes, S. 31
Schinken-Käse-Hörnle, S. 33
Schwäbische Mini-Dinneden, S. 35
Hackfleisch-Paprika-Schneckennudeln, S. 45
Schwäbischer Kartoffelsalat
mit Mini-Saitenwürstle, S. 67
Linsen-Spätzle-Salat, S. 71
Mini-LKWs, S. 91
The Swabian Burger, S. 93
Sauerkraut-Burger, S. 95
Schwäbische Nuss-Schneckennudeln, S. 103
Mini-Gugelhupfe, S. 123

BRUNCH & BUFFET RICHTIG PLANEN

Für eine bunte Mischung können Sie jeweils zwei bis drei Rezepte aus jedem Kapitel wählen. Als groben Richtwert für die Mengen pro Person auf dem Buffet merke ich mir:
5–8 Häppchen für ein Buffet am Mittag oder zum Sektempfang
10–12 Häppchen für ein abendfüllendes Buffet

Ein Buffet richten Sie am besten auf einem großen, langen Tisch an, den Sie mit einer weißen (Papier-)Tischdecke abdecken. Das Fingerfood kommt besonders schön zur Geltung, wenn Sie es auf farblich abgestimmten Platten und Tellern servieren. Gut wirkt es, wenn auf verschiedenen Ebenen, z. B. mithilfe von Kisten oder Etageren, angerichtet wird. Stapeln Sie an einem Tischende Servietten und Teller. Wenn Sie Fingerfood im Glas machen, können Sie die Gläser gleich mit kleinen Gabeln bzw. Löffeln versehen. Hübsches Einweg-Holzbesteck finden Sie im Internet. Bei einem Brunch können Sie die Speisen wahlweise als Buffet anrichten oder Sie stellen sie direkt auf den Tisch, an dem gegessen wird.

Und nun wünsche ich Ihnen viel Freude und guten Appetit mit meinem Soulfood im Miniformat – dem schwäbischen Fingerfood!

Grundrezept Schwäbische Spätzle

Schwäbischer Klassiker

🕐 30 Min.

Gepresst, gedrückt, gehobelt oder von Hand geschabt... frische Eierspätzle sind der schwäbische Klassiker schlechthin. Für perfekte Spätzle wird der Teig von Hand mit einem Kochlöffel gerührt. Löst er sich zähflüssig vom Löffel, hat er die ideale Konsistenz.

ZUTATEN

Für 4 Portionen
400 g Mehl
4 Eier
1 Prise Salz
175–200 ml Mineralwasser

Außerdem
Spätzlebrett mit Schaber (für handgeschabte Spätzle) oder Spätzlehobel bzw. Spätzlepresse
Holzkochlöffel
Schaumlöffel

ZUBEREITUNG

① Das Mehl zusammen mit den Eiern und einer guten Prise Salz in eine große Rührschüssel geben. Zunächst etwa 175 ml Mineralwasser dazugeben, mit einem Kochlöffel zu einem glatten, geschmeidigen Teig verrühren. Dabei kräftig rühren und „schlagen", bis der Teig leichte Blasen wirft. Löst er sich bereits leicht zähflüssig vom Kochlöffel, hat er die ideale Konsistenz. Falls er zu fest ist, noch etwas Mineralwasser unterrühren.

② Einen großen Topf mit Salzwasser zum Kochen bringen. Für handgeschabte Spätzle das Spätzlebrett und den Schaber in das heiße Salzwasser tauchen. Etwa 2 EL Spätzleteig auf der vorderen Hälfte des Brettes verteilen und mit dem Schaber glatt streichen. Den Teig ins kochende Wasser schaben.

③ Die Spätzle für ca. 3 Minuten im kochenden Wasser garen, bis sie an der Oberfläche auftauchen. Spätzle mit dem Schaumlöffel aus dem Wasser nehmen und in eine Schüssel geben. Mit dem restlichen Teig ebenso verfahren, dabei das Brett immer wieder kurz in das Wasser eintauchen. So lassen sich die Spätzle gut schaben.

④ Für gepresste Spätzle den Teig portionsweise in die Spätzlepresse geben und in das kochende Wasser pressen. Die Spätzle ebenfalls nach ca. 3 Minuten mit dem Schaumlöffel aus dem Wasser nehmen.

⑤ Mit einem Spätzlehobel werden die Spätzle portionsweise in das kochende Wasser gehobelt und ebenfalls wie beschrieben nach etwa 3 Minuten herausgenommen.

Das Kalbsbrät bekommen Sie beim Metzger, eventuell müssen Sie es vorbestellen. Fertigen Nudelteig finden Sie im Kühlregal bei frischer Pasta, Spätzle & Co.

Grundrezept
Schwäbische Maultaschen

Schwäbischer Klassiker

🕒 50 Min.

Ein weiterer schwäbischer Klassiker sind Maultaschen. Mit Spinat, Brät und Hackfleisch gefüllt schmecken sie Klein und Groß! Ob in kräftiger Fleischbrühe, zu Kartoffelsalat, mit Zwiebelschmälze oder pfannengeröstet – frisch gerollt sind sie einfach am besten.

ZUTATEN

Für 16–20 Maultaschen
500 g frischer Nudelteig
1 Weizenbrötchen vom Vortag
1 Zwiebel
1 Knoblauchzehe
1 EL Butter
300 g frischer Blattspinat
1 kleines Bund Petersilie
250 g feines Kalbsbrät
150 g gemischtes Hackfleisch
1 Ei
1 Eigelb
Salz
frisch gemahlener Pfeffer
Muskatnuss
1 Eiweiß

ZUBEREITUNG

① Das Brötchen in kaltem Wasser einweichen. Zwiebel und Knoblauch schälen und fein würfeln. Die Butter in einem kleinen Topf erhitzen, die Zwiebel- und Knoblauchwürfel glasig andünsten und anschließend in eine große Schüssel geben.

② Den Spinat gründlich putzen, harte Stiele entfernen, waschen und gut trocken schütteln. Spinat in den Topf geben und bei mittlerer Hitze unter gelegentlichem Rühren in ca. 1–2 Minuten zusammenfallen lassen. Spinat gut ausdrücken, fein hacken und zu den Zwiebeln und dem Knoblauch geben.

③ Die Petersilie waschen, trocken schütteln und fein hacken. Petersilie, das ausgedrückte Weizenbrötchen, Kalbsbrät, Hackfleisch, Ei und Eigelb ebenfalls in die Schüssel geben, mit Salz, Pfeffer und Muskatnuss kräftig würzen und alles zu einer gleichmäßigen Masse verkneten.

④ Den Nudelteig ausbreiten und evtl. zurechtschneiden. Ideal ist eine Breite von etwa 30 cm. Die Füllung der Länge nach mittig auf den Nudelteig geben und mithilfe einer Palette oder eines breiten Messers glatt streichen, dabei an den oberen und unteren Längsseiten ca. 3 cm Rand lassen. Die Ränder mit Eiweiß bestreichen.

⑤ Die Teigbahn einmal bis knapp zur Mitte, dann erneut von unten nach oben bis etwas über den oberen Rand einschlagen. Die so entstandene lange „Teigrolle" mit einem Messer in Abständen von ca. 10 cm in Stücke schneiden.

⑥ Die Maultaschen in einem großen Topf mit siedender Fleischbrühe gar ziehen lassen. Sie sind fertig, sobald sie etwa 1 Minute an der Oberfläche schwimmen.

Auf die Hand

Kleine, leckere Häppchen, die ganz einfach mit der Hand gegessen werden können, sind am beliebtesten auf dem Fingerfood-Buffet. Und bei schwäbischen Käsfüßle, Schlemmerbaguettes, Schinken-Käse-Hörnle und Tomaten-Parmesan-Ruggele möchte garantiert jeder gerne zugreifen. In diesem Kapitel habe ich 16 Rezepte zusammengestellt, die Sie schnell und unkompliziert zubereiten können.

Meine Lieblinge in diesem Kapitel sind
die *Flädle-Röllchen mit Lachs & Ricotta*
und die *Schinken-Käse-Hörnle*.

Mini-Käsespätzle-Muffins

Für Kindergeburtstage

 15 Min. (+ 20 Min.)

 180 °C Ober-/Unterhitze

Jeder Schwabe mag Kässpätzle! Diese Variante in Mini-Muffinform ist ideal für ein sommerliches Picknick und passt auch hervorragend zu einem schönen Salat.

ZUTATEN

Für 12 Stück
120 g Spätzle
(Seite 9 oder fertig aus dem Kühlregal)
1 Zwiebel
1 frische Knoblauchzehe
1 TL Butter + etwas mehr zum Fetten der Form
½ kleines Bund Schnittlauch
40 g Bergkäse
1 Ei (M)
1 EL Crème fraîche
1 TL Dijonsenf
1,5 EL Mehl
Salz
frisch gemahlener Pfeffer
Muskatnuss

Außerdem
Mini-Muffinblech

ZUBEREITUNG

① Die Mulden des Muffinblechs gut mit Butter einfetten und den Backofen auf 180 °C Ober-/Unterhitze vorheizen.

② Die Butter in einer beschichteten Pfanne erhitzen und die Spätzle darin ca. 2 Minuten leicht anrösten. Spätzle in eine große Schüssel geben.

③ Zwiebel und Knoblauch schälen, fein würfeln und in der Pfanne 3–4 Minuten goldgelb anbraten.

④ Schnittlauch waschen, in feine Röllchen schneiden und den Bergkäse auf der Küchenreibe fein reiben.

⑤ Angebratene Zwiebeln, Schnittlauchröllchen, Bergkäse, Ei, Crème fraîche, Senf und Mehl zu den Spätzle geben und alles zu einer glatten Masse verrühren. Mit Salz, Pfeffer und Muskat würzen.

⑥ Spätzle-Masse mit einem Löffel gleichmäßig in den Mulden der Muffinform verteilen und im Ofen auf mittlerer Schiene in ca. 20 Minuten goldgelb backen. Sie schmecken warm und kalt.

Schupfnudel-Spieße

Für Eilige

 15 Min.

Schupfnudeln werden in Schwaben klassisch mit Sauerkraut und Speck gegessen. Bei dieser Fingerfood-Variante bekommen die Schupfnudeln einen Bacon-Mantel und werden zusammen mit Cocktailtomaten und Mozzarella aufgespießt. Ein bunter Spieß, der nicht nur bei Kindern beliebt ist!

ZUTATEN

Für 12 Spieße
24 Schupfnudeln
24 Scheiben Bacon
12 Cocktailtomaten
24 Basilikumblätter
12 Mini-Mozzarella-kugeln
frisch gemahlener Pfeffer

Außerdem
12 Partyspieße,
z. B. aus Bambus

ZUBEREITUNG

① Die Baconscheiben auf einem großen Schneidebrett auslegen und mit Pfeffer bestreuen.
② Jede Schupfnudel mit einer Baconscheibe fest umwickeln und in einer kleinen beschichteten Pfanne ohne Fett ca. 3 Minuten rundherum anbraten, herausnehmen und auf einem Küchenpapier abtropfen lassen.
③ Die Cocktailtomaten und Basilikumblätter waschen und trocken tupfen. Je zwei Bacon-Schupfnudeln mit einer Cocktailtomate, einer Mozzarellakugel und zwei Basilikumblättern auf einen Spieß stecken.

Das schmeckt auch
Für eine vegetarische Variante braten Sie die Schupfnudeln ohne Bacon in einer Pfanne in Butter an. Die Schupfnudeln mit Cocktailtomaten, Mozzarella, Basilikum und evtl. gebratenen Paprika- oder Zucchinistücken oder Champignons auf die Spieße stecken.

Mini-Spieße
Für kleinere Spieße halbieren Sie die Schaschlik-Spieße vor dem Einweichen im kalten Wasser. Dann bekommen Sie 12 kleine Maultaschen-Spieße.

Maultaschen-Spieße mit Pimientos de Padron

Für Tapasfans

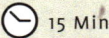 15 Min.

Maultaschen gehören auf jedes schwäbische Fingerfood-Buffet. Diese mediterrane Variante schmeckt besonders im Sommer sehr gut, denn die Maultaschen werden mit Pimientos de Padron, den grünen Bratpaprika aus Spanien veredelt. Perfekt für das nächste Picknick.

ZUTATEN

Für 6 große Spieße
6 Maultaschen
¾ gelbe Paprika
1 rote Zwiebel
6 Kirschtomaten
12 Pimientos de Padron (grüne Bratpaprika)
Salz
frisch gemahlener Pfeffer
Paprikapulver, edelsüß
etwas Olivenöl zum Bestreichen

Außerdem
6 Schaschlik-Spieße

ZUBEREITUNG

① Die Schaschlik-Spieße für ca. 10 Minuten in kaltes Wasser legen. So brennen die Spieße später beim Braten nicht an.
② Die Maultaschen in je drei Stücke schneiden.
③ Das Gemüse waschen und trocken tupfen. Paprika in zwölf gleich große Stücke schneiden, Zwiebel schälen und ebenfalls in zwölf Stücke schneiden.
④ Gemüse- und Maultaschenstücke gleichmäßig auf die sechs Spieße verteilen, mit etwas Olivenöl bestreichen und mit Salz würzen.
⑤ Spieße wahlweise auf dem Grill oder in der Grillpfanne ca. 3 Minuten von jeder Seite grillen. Die fertigen Spieße mit etwas Pfeffer und Paprikapulver würzen. Die Spieße schmecken warm und kalt.

Das schmeckt auch

Anstelle der Pimientos de Padron können Sie auch grüne Paprika oder Zucchini verwenden. Und Probieren Sie anstelle des edelsüßen Paprikapulvers auch mal Pimentón de la Vera aus. Das geräucherte Paprikapulver schmeckt super zu gegrilltem Fleisch, Fisch und Gemüse.

Das schmeckt auch
Anstelle von Dill und Schnittlauch können Sie auch Petersilie, Basilikum und Kerbel verwenden. Wenn Sie Ricotta nicht so gerne mögen, können Sie die Creme auch aus Frischkäse zubereiten.

Flädle-Röllchen mit Lachs & Ricotta

Für Gourmets

25 Min. (+ 30 Min.)

Die schwäbischen Flädle werden hier mit einer feinen Ricotta-Kräuter-Creme und zartem Räucherlachs gefüllt. So entstehen edle Fingerfood-Häppchen, die beispielsweise ideal zum Aperitif vor einem Dinner oder zum Sektempfang auf einer Hochzeit passen.

ZUTATEN

Für ca. 20 Stück

Für die Flädle
125 g Mehl
250 ml Vollmilch
1 Ei
1 Prise Salz
1 EL frisch gehackte Petersilie
etwas Pflanzenöl zum Ausbacken

Für die Füllung
200 g Räucherlachs
250 g Ricotta
1 EL Kräuter-Crème-fraîche
je 2 EL frisch gehackter Dill und Schnittlauch
Saft von ½ Zitrone
Salz
frisch gemahlener Pfeffer

Außerdem
Zahnstocher oder Party-Picker zum Fixieren der Röllchen

ZUBEREITUNG

① Für den Flädleteig: Mehl, Milch, Ei, Salz und Petersilie in eine Rührschüssel geben und mit dem Schneebesen zu einem glatten, flüssigen Teig schlagen. Den Teig mit Frischhaltefolie abgedeckt ca. 30 Minuten ruhen lassen.

② Ricotta, Kräuter-Crème-fraîche und die gehackten Kräuter in eine Schüssel geben und verrühren. Die Creme mit dem Zitronensaft, Salz und Pfeffer abschmecken.

③ In einer großen, beschichteten Pfanne etwas Öl erhitzen und nacheinander vier sehr dünne Pfannkuchen ausbacken. Die Pfannkuchen stapeln, zu einer Rolle aufrollen und auf einem Teller auskühlen lassen.

④ Die Ricotta-Kräuter-Creme auf alle vier Pfannkuchen gleichmäßig verstreichen. Jeden Pfannkuchen mit Räucherlachs belegen und zu einer festen Rolle aufrollen. Jede Rolle in ca. 5 Stücke schneiden und mit einem Zahnstocher oder Party-Picker fixieren.

⑤ Die Röllchen bis zum Servieren mit Frischhaltefolie abgedeckt in den Kühlschrank stellen.

Mini-Fleischküchle

Für Kindergeburtstage

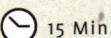 15 Min.

Fleischküchle im Miniformat mag fast jeder und sie sind ideal für Partys, Kindergeburtstage und Picknick. Sie schmecken pur, im Brioche-Bun als Burger (Seite 87) oder zu Kartoffelsalat im Glas (Seite 67). Eins ist sicher: Sie dürfen auf keiner schwäbischen Party fehlen!

ZUTATEN

Für ca. 25 Stück
650 g gemischtes Hackfleisch
1 Ei
3 EL frisch gehackte Petersilie
40 g Semmelbrösel
2 TL Dijonsenf
1 kleine Zwiebel
1 frische Knoblauchzehe
Salz
frisch gemahlener Pfeffer
Paprikapulver, edelsüß
neutrales Pflanzenöl zum Anbraten

ZUBEREITUNG

① Hackfleisch, Ei, Petersilie, Semmelbrösel und Dijonsenf in eine große Schüssel geben.
② Zwiebel und Knoblauch schälen, fein hacken und ebenfalls in die Schüssel geben. Alles mit den Händen zu einer gleichmäßigen Hackfleischmasse verarbeiten. Die Masse kräftig mit Salz, Pfeffer und Paprikapulver würzen.
③ Aus der Masse ca. 25 gleich große leicht abgeflachte Fleischküchle formen.
④ Etwas Öl in einer großen beschichteten Pfanne erhitzen und die Fleischküchle portionsweise ca. 5 Minuten im heißen Öl braten.

Aus dem Backofen statt aus der Pfanne

Setzen Sie die Fleischküchle mit etwas Abstand zueinander auf ein Backblech mit Backpapier. Im vorgeheizten Ofen auf mittlerer Schiene bei 180–200 °C (Umluft) ca. 20–25 Minuten backen. Sie können die Fleischküchle übrigens auch schon einige Stunden im Voraus vorbereiten und dann bis zum Anbraten auf einem Teller, mit Frischhaltefolie abgedeckt, in den Kühschrank stellen.

Das schmeckt auch
Alternativ können Sie die Käsfüßle auch mit Blätterteig aus dem Kühlregal zubereiten.

Schwäbische Käsfüßle

Für Kindergeburtstage
Für Fußballfans

20 Min.
(+ 1 Stunde)

180 °C
Ober-/Unterhitze

Dieses pikante Gebäck schmeckt sowohl warm als auch kalt und die Füßle sind der absolute Renner auf jeder Kindergeburtstagsparty. Ich erinnere mich noch sehr gut daran, dass es stets einen kleinen Kampf um die letzten Füßle gab. Auch zur Fußball-Party sind sie der ideale Snack.

ZUTATEN

Für ca. 20–25 Stück
200 g Mehl
200 g Butter
200 g Magerquark
40 g geriebener Käse, z. B. Emmentaler, Gouda oder Greyerzer + etwas geriebener Käse zum Bestreuen
1 TL Backpulver
1 Prise Salz
Paprikapulver, edelsüß
frisch gemahlene Muskatnuss

Außerdem
Plätzchenausstecher in Fußform

ZUBEREITUNG

① Mehl, Butter, Quark, Käse, Backpulver, Salz sowie etwas Paprikapulver und Muskatnuss in eine große Schüssel geben und mit den Knethaken des Rührgeräts zügig zu einem glatten Teig verkneten. Teig in Frischhaltefolie gewickelt für ca. 1 Stunde in den Kühlschrank legen.

② Den Backofen auf 180 °C Ober-/Unterhitze vorheizen und ein Backblech mit Backpapier auslegen.

③ Den gekühlten Teig auf einer leicht bemehlten Arbeitsfläche ca. 5 mm dick ausrollen und mithilfe eines Ausstechers kleine Füße ausstechen. Die Füße vorsichtig mit etwas Abstand zueinander auf das Backblech setzen und mit etwas geriebenem Käse bestreuen.

④ Die Käsefüße im vorgeheizten Backofen auf der mittleren Schiene in ca. 20–22 Minuten goldgelb backen. Sie schmecken warm und kalt.

Pikant-würzige Variante

Für pikant-würzige Käsfüßle verwenden Sie am besten eine würzige Käsesorte wie z. B. Greyerzer, Bergkäse oder Appenzeller. Sie können den Teig auch schon am Vorabend zubereiten und über Nacht in Folie gewickelt im Kühlschrank lagern. Für eine noch schnellere Variante greifen Sie auf pikanten Mürbeteig aus dem Kühlregal zurück.

Das schmeckt auch
Anstelle des Tomaten-Pestos können Sie die Ruggele auch mit Basilikum-Pesto backen. Wenn Ihnen der Parmesan zu würzig ist, backen Sie sie mit Gouda oder Emmentaler. Diese Käsesorten sollten Sie möglichst fein reiben.

Tomaten-Parmesan-Ruggele

Für Hörnchenfans

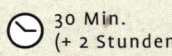 30 Min. (+ 2 Stunden)

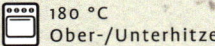 180 °C Ober-/Unterhitze

Diese pikanten Ruggele sind eine ideale vegetarische Alternative zu den Schinken-Käse-Hörnle von Seite 33. Die Ruggele werden mit einem frischen, cremigen Tomaten-Pesto gefüllt und mit würzigem Parmesankäse gebacken.

ZUTATEN

Für 24 Stück

Für den Teig
100 g kalte Butter, in Flöckchen
100 g Doppelrahmfrischkäse
150 g Mehl
1 Prise Salz
½ TL abgeriebene Schale einer Bio-Zitrone

Für das Tomaten-Pesto
50 g halbgetrocknete Tomaten, in Öl eingelegt
1 Knoblauchzehe
6 Basilikumblätter
1 Zweig frischer Thymian
½ EL Pinienkerne
1 EL frisch geriebener Parmesan
½ TL abgeriebene Schale einer Bio-Zitrone
1 EL Olivenöl
1 TL Sherryessig

Zusätzlich
40 g Parmesan

ZUBEREITUNG

① Die Butter mit Frischkäse, Mehl, Salz und der Zitronenschale in eine Schüssel geben und mit den Händen zu einem glatten, festen Teig verkneten. Den Teig zur Kugel formen, in Frischhaltefolie wickeln und für ca. 2 Stunden in den Kühlschrank legen.

② Für das Tomaten-Pesto die Tomaten abtropfen lassen und in grobe Stücke schneiden. Die Knoblauchzehe schälen und fein hacken, den Thymian und die Basilikumblätter waschen und trocken schütteln. Die Basilikumblätter klein schneiden, die Thymianblättchen abstreifen. Tomaten, Knoblauch, Thymianblättchen und Basilikum mit Pinienkernen, 1 EL geriebenen Parmesan, Zitronenschale, Olivenöl und Sherryessig zu einem feinen, cremigen Pesto pürieren.

③ Den Backofen auf 180 °C Ober-/Unterhitze vorheizen und ein Backblech mit Backpapier auslegen.

④ Den Teig aus dem Kühlschrank nehmen und in zwei gleich große Stücke teilen.

⑤ 20 g geriebenen Parmesan gleichmäßig auf der Arbeitsfläche verteilen. Je ein Stück Teig auf der bestreuten Arbeitsfläche zu einem großen Kreis (ca. 26 cm Ø) ausrollen und mit einem Messer in zwölf „Tortenstücke" schneiden. Je ½ TL Tomaten-Pesto mittig auf die breiten Enden der Dreiecke setzen. Die Dreiecke von der breiten Seite her zu Ruggele (Hörnle) aufrollen und mit etwas Abstand zueinander auf das Backblech setzen. Mit der zweiten Teigportion genauso verfahren.

⑥ Die Ruggele im Ofen auf mittlerer Schiene ca. 25 Minuten goldgelb backen, herausnehmen und vollständig abkühlen lassen

Fertiger Strudelteig
Strudelteigblätter, auch bekannt unter dem Namen Filo- oder Yufkateig, gibt es im Kühlregal des Supermarktes. Die Packungen beinhalten meist genau die richtige Menge für dieses Rezept.

Filderkraut-Pralinen mit Speck

Für Sauerkrautfans

 20 Min.

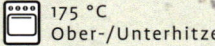 175 °C Ober-/Unterhitze

Auf den Fildern bei Stuttgart wächst wunderbarer Spitzkohl, der zu leckerem Sauerkraut verarbeitet wird. Umhüllt mit knusprigen Strudelteigblättern wird diese schwäbische Delikatesse zu einer feinen Praline für das herzhafte Fingerfood-Buffet.

ZUTATEN

Für ca. 20 Stück
40 Blätter Strudelteig à 10 × 10 cm
140 g milder Schinkenspeck
1 rote Zwiebel
300 g Sauerkraut
100 g Bergkäse
1 EL frisch gehackter Majoran
4 EL Butter + 1 TL Butter zum Anbraten
Salz
frisch gemahlener Pfeffer
20 Schnittlauchhalme für die Garnitur

ZUBEREITUNG

① Den Schinkenspeck fein würfeln und die Zwiebel schälen und fein hacken. 1 TL Butter in einer beschichteten Pfanne zerlassen und Speck und Zwiebeln bei mittlerer Hitze ca. 1 Minute anbraten, herausnehmen und in eine Schüssel füllen.

② Das Sauerkraut in die Pfanne geben und unter Rühren ca. 4 Minuten erwärmen.

③ Den Bergkäse auf der Küchenreibe fein reiben.

④ Den Majoran waschen, die Blättchen abzupfen und fein hacken.

⑤ Das Sauerkraut zum Speck in die Schüssel geben und etwas abkühlen lassen. Bergkäse und Majoran unterheben und die Sauerkrautmasse mit Salz und Pfeffer kräftig abschmecken.

⑥ Den Backofen auf 175 °C Ober-/Unterhitze vorheizen und ein Backblech mit Backpapier auslegen.

⑦ Die Butter in einem kleinen Topf zerlassen.

⑧ Je zwei Strudelteigblätter versetzt übereinanderlegen und mit etwas flüssiger Butter einstreichen. Je 1 EL Sauerkrautmasse in die Mitte geben, etwas festdrücken und den Teig zu kleinen Säckchen zusammenfalten. Mit den restlichen Zutaten ebenso verfahren.

⑨ Die Filderkraut-Pralinen auf das Backblech setzen, mit Butter einpinseln und im Ofen auf mittlerer Schiene in ca. 15–18 Minuten goldgelb backen. Je einen Schnittlauchhalm um die Spitzen der Pralinen binden.

Das schmeckt auch
Für eine vegetarische Variante der Schlemmerbaguettes können Sie Salami und Schinken ganz einfach durch Champignons, getrocknete Tomaten oder Zucchini ersetzen.

Schwäbische Schlemmerbaguettes

Für Kindergeburtstage und Vesper

 15 Min.

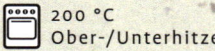 200 °C Ober-/Unterhitze

Ich kann mich an kaum eine Familienfeier erinnern, bei der diese kleinen Schlemmerbaguettes nicht aufgetischt wurden. Sie schmecken warm und kalt und sind ideal für ein Partybuffet, den Kindergeburtstag oder für das Picknick im Grünen mit Familie und Freunden.

ZUTATEN

Für 8–10 Stück
4–5 frische Baguettebrötchen (oder Aufbackbrötchen)
100 g Salami
100 g Kochschinken
1 rote Paprika
½ rote Zwiebel
1 Knoblauchzehe
30 g Feta
150 g Crème fraîche
100 g geriebener Emmentaler oder Leerdammer
Salz
frisch gemahlener Pfeffer

ZUBEREITUNG

① Den Backofen auf 200 °C Ober-/Unterhitze vorheizen und ein Backblech mit Backpapier auslegen. Die Baguettebrötchen aufschneiden und mit den Schnittflächen nach oben auf das Backblech setzen. Salami und Schinken klein schneiden.

② Paprika waschen, entkernen und in feine Würfel schneiden, Zwiebel und Knoblauch abziehen und fein hacken. Den Fetakäse grob zerkrümeln.

③ In einer großen Schüssel alle Zutaten gut miteinander verrühren und mit Salz und Pfeffer würzig abschmecken.

④ Die Masse mithilfe eines Löffels auf die Brötchenhälften streichen. Die Brötchen im Ofen auf mittlerer Schiene ca. 10 Minuten backen. Schlemmerbaguettes warm oder kalt genießen.

Schinken-Käse-Hörnle

> Schwäbischer Klassiker
> Für Kindergeburtstage

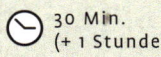 30 Min. (+ 1 Stunde)

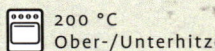 200 °C Ober-/Unterhitze

Der beliebte Hörnle-Klassiker auf dem schwäbischen Fingerfood-Buffet darf natürlich keinesfalls in diesem Buch fehlen. Besonders fein werden die Hörnle durch die zartblättrige Struktur des Teiges.

ZUTATEN

Für ca. 20–25 Stück
Für den Teig
250 g Mehl
250 g kalte Butter, in Flöckchen
250 g Magerquark
½ TL Salz
Für die Füllung
1 Zwiebel
1 frische Knoblauchzehe
1 TL Butter
100 g Kochschinken
150 g geräucherter Schinken
100 g Greyerzer + etwas mehr zum Bestreuen
3 EL frisch gehackte Petersilie
Salz
frisch gemahlener Pfeffer
Paprikapulver, edelsüß
Zusätzlich
1 Eigelb
1 EL Milch

ZUBEREITUNG

① Mehl, Butterflöckchen, Quark und Salz in eine große Rührschüssel geben und mit den Händen oder den Knethaken der Küchenmaschine zu einem glatten, geschmeidigen Teig verarbeiten. Den Teig zur Kugel formen und in Folie gewickelt für ca. 1 Stunde in den Kühlschrank legen.
② Für die Füllung Zwiebel und Knoblauch schälen und fein würfeln. Beide Schinkensorten ebenfalls würfeln und den Greyerzer fein reiben.
③ In einer kleinen beschichteten Pfanne die Butter zerlassen und die Zwiebel- und Knoblauchwürfel ca. 2 Minuten glasig andünsten. Die Zwiebelmischung auskühlen lassen, dann Schinken, Käse und Petersilie unterrühren. Die Mischung mit Salz, Pfeffer und Paprikapulver abschmecken.
④ Den Backofen auf 200 °C Ober-/Unterhitze vorheizen und zwei Backbleche mit Backpapier auslegen.
⑤ Den Teig aus dem Kühlschrank nehmen und auf der bemehlten Arbeitsfläche zügig zu einem knapp 3 mm dünnen, großen Rechteck ausrollen. Aus dem Rechteck ca. 20–25 längliche Dreiecke schneiden. Je etwas Füllung auf die breite Seite der Dreiecke geben, die Dreiecke zur Spitze hin aufrollen und zu Hörnle formen. Die Hörnle mit etwas Abstand auf die Bleche verteilen.
⑥ Eigelb mit Milch verquirlen und die Hörnle damit bestreichen. Nach Belieben etwas Greyerzer auf die Hörnle streuen und im Ofen auf mittlerer Schiene in ca. 20–25 Minuten goldgelb backen.

Das schmeckt auch
Die Dinneden können auch in süßer Variante gebacken werden. Hierfür den Teig nur mit einer Prise Salz zubereiten, die Teigkreise mit Schmand bestreichen und mit dünnen Apfelscheiben belegen. Zimt und Zucker darüberstreuen und im Ofen wie angegeben backen.

Schwäbische Mini-Dinneden

Schwäbischer Klassiker

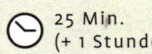 25 Min. (+ 1 Stunde)

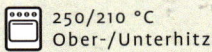 250/210 °C Ober-/Unterhitze

Die schwäbische Dinnede ähnelt dem elsässisch-französischen Flammkuchen, sie wird jedoch nicht hauchdünn gebacken. Meine Mini-Dinneden backe ich mit geräuchertem Schinkenspeck, Bergkäse und einer Zitronen-Schmand-Creme. Superlecker ist auch die süße Variante mit Äpfeln!

ZUTATEN

Für 24 Stück

Für den Teig
250 g Mehl (Type 405)
250 g Mehl (Type 550)
25–30 g frische Hefe
1 TL Zucker
300 ml lauwarmes Wasser
1 EL Olivenöl
1 TL Salz
1 TL abgeriebene Schale einer Bio-Zitrone

Für den Belag
300 g geräucherter Schinkenspeck
2 rote Zwiebeln
2 Knoblauchzehen
250 g Schmand
1 Ei (M)
50 g geriebener Bergkäse
1 TL Zitronenschale
1–2 TL Zitronensaft
Salz und Pfeffer
1–2 EL frische Schnittlauchröllchen

ZUBEREITUNG

① Beide Mehlsorten in eine große Schüssel geben, in die Mitte eine Mulde drücken und die Hefe hineinbröckeln. Zucker dazugeben und mit ca. 5 EL des lauwarmen Wassers und etwas Mehl vom Rand zu einem Vorteig verrühren. Die Schüssel etwa 15 Minuten stehen lassen.

② Das restliche lauwarme Wasser, Olivenöl, Salz und Zitronenschale in die Schüssel geben und alle Zutaten mit dem Knethaken zu einem geschmeidigen, glänzenden Teig verkneten. Den Teig abgedeckt 30–45 Minuten gehen lassen.

③ Den Backofen auf 250 °C Ober-/Unterhitze vorheizen. Zwei Backbleche mit Backpapier auslegen.

④ Den Schinkenspeck in feine Würfel schneiden und beiseitestellen. Zwiebeln und Knoblauch schälen. Eine Zwiebel in feine Scheiben oder Streifen schneiden und beiseitelegen. Die andere Zwiebel zusammen mit dem Knoblauch fein hacken.

⑤ Den Schmand in einer Schüssel mit dem Ei, geriebenem Käse, Zitronenschale und -saft sowie den Zwiebel- und Knoblauchwürfeln verrühren. Die Masse mit Salz und Pfeffer würzen.

⑥ Den Teig in 24 Portionen teilen und jede Portion zu einem flachen, dünnen Kreis ausrollen. Die Teigkreise auf die Backbleche setzen und gleichmäßig mit der Schmandcreme bestreichen. Mit Speckwürfeln bestreuen und je eine Zwiebelscheibe mittig auf die Teigkreise setzen.

⑦ Die Temperatur des Ofens auf 210 °C Ober-/Unterhitze reduzieren und die Dinneden im Ofen ca. 15–20 Minuten backen, herausnehmen und mit Schnittlauch bestreuen.

Das schmeckt auch
Nach Belieben können Sie auch geräucherten Schinkenspeck verwenden. Dadurch werden die Zwiebel-Speck-Ecken noch kräftiger und aromatischer im Geschmack.

Zwiebel-Speck-Ecken

Für Gourmets
Zu Bier & Wein

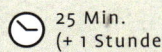 25 Min.
(+ 1 Stunde)

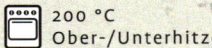 200 °C
Ober-/Unterhitze

Ein weiterer Klassiker der schwäbischen Küche ist Zwiebelkuchen. Er wird vor allem in den Weinanbaugebieten auf Weinfesten serviert. Meine Variante ist etwas milder, da weniger Zwiebeln verwendet werden. Dafür werden die Küchlein mit Speckwürfeln verfeinert.

ZUTATEN

Für ca. 15–20 Stück
150 g Butter + ½ EL Butter + etwas mehr zum Fetten der Form
250 g Mehl
1 Prise Salz
1 Ei (M)
2 EL Milch
200 g Schinkenspeck
2 Zwiebeln
50 g Greyerzer
4 Eier (M)
200 ml Sahne
100 ml Milch
Salz
frisch gemahlener Pfeffer
Muskatnuss

ZUBEREITUNG

① Die Butter ca. 30 Minuten ins Gefrierfach legen. Danach auf einer Küchenreibe grob raspeln, dann lassen sich Butter und Mehl besonders rasch zu einem geschmeidigen Teig verkneten.

② Mehl und Salz in einer Rührschüssel mischen. Butter-Raspeln dazugeben und zügig mit den Händen verkneten. Ei und Milch hinzufügen und alles zu einem geschmeidigen Teig verkneten. Eine Teigkugel formen, in Folie wickeln und für 30 Minuten in den Kühlschrank legen.

③ Den Schinkenspeck von Fettstellen befreien und die Zwiebeln abziehen, beides fein würfeln.

④ ½ EL Butter in einer beschichteten Pfanne zerlassen, Speck und Zwiebeln darin ca. 2 Minuten glasig andünsten, dann beiseitestellen.

⑤ Für den Guss den Greyerzer fein reiben und mit den Eiern, Sahne und Milch verquirlen. Mit Salz, Pfeffer und Muskatnuss würzen.

⑥ Den Backofen auf 200 °C Ober-/Unterhitze vorheizen und eine rechteckige Form (ca. 37 × 25 cm) mit Butter einfetten.

⑦ Den Teig auf einer bemehlten Arbeitsfläche rechteckig ausrollen und auf den Boden der Form drücken. Nach Belieben kann ein Teigrand geformt werden. Den Teigboden mit einer Gabel mehrmals einstechen. Die Speckmischung darauf verteilen und mit dem Guss übergießen.

⑧ Den Zwiebel-Speck-Kuchen im Ofen auf mittlerer Schiene ca. 45 Minuten backen. In 15–20 gleich große Dreiecke schneiden und kalt oder warm servieren.

Schwarzwälder Schinken
Schwarzwälder Schinken ist von Natur aus gut gesalzen, deshalb benötigen Sie kein zusätzliches Salz für dieses Rezept.

Schwarzwälder Brotstangen

Für Eilige

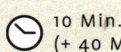 10 Min. (+ 40 Min.)

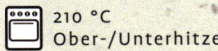 210 °C Ober-/Unterhitze

Diese Stangen sind blitzschnell gemacht und schmecken durch den Schwarzwälder Schinken fein würzig. Für Kinder können Sie die Stangen mit Kochschinken und Gouda oder Emmentaler backen.

ZUTATEN

Für ca. 20 Stück
1 Rolle Blätterteig (270 g)
2 EL Tomatenmark
2 EL Dijonsenf
8–10 Scheiben Schwarzwälder Schinken
80 g Bergkäse
frisch gemahlener Pfeffer
1 Eigelb
1 EL Milch

ZUBEREITUNG

① Den Blätterteig entrollen und der Länge nach halbieren, sodass zwei lange schmale Rechtecke entstehen. Ein Rechteck mit Tomatenmark, das andere mit Senf bestreichen.

② Den Schinken in ca. 3 cm breite Streifen schneiden und mit geringem Abstand nebeneinander auf die Blätterteig-Rechtecke legen. Den Bergkäse fein darüberreiben und etwas frisch gemahlenen Pfeffer darüberstreuen.

③ Ein Backblech mit Backpapier auslegen. Die Rechtecke jeweils im Abstand von ca. 4 cm (immer nach einem Schinkenstreifen) in 20 Streifen schneiden. Die Streifen vorsichtig verzwirbeln und auf das Backblech setzen.

④ Das Blech für ca. 20 Minuten in den Kühlschrank stellen. Den Backofen auf 210 °C Ober-/Unterhitze vorheizen. Das Eigelb mit der Milch verquirlen.

⑤ Die Schinken-Stangen aus dem Kühlschrank nehmen, dünn mit der Eigelb-Mischung bestreichen und im heißen Ofen auf mittlerer Schiene in ca. 15–20 Minuten goldgelb backen.

Das schmeckt auch
Dieses Fingerfood können Sie auch mit orangefarbener Cantaloupe-Melone zubereiten.

Schwarzwälder Honigmelone

Für eilige Gourmets

 10 Min.
(+ 40 Min.)

 210 °C
Ober-/Unterhitze

Honigmelone in Parmaschinken ist ein Sommer-Klassiker, der einfach immer gut schmeckt und ideal als Mitbringsel auf eine Party geeignet ist. Bei dieser Variante wird die Melone mit würzigem Schwarzwälder Schinken umhüllt. Ein superschnelles und einfaches Fingerfood!

ZUTATEN

Für 24 Stück
½ Honigmelone
12 Scheiben Schwarzwälder Schinken
frisch gemahlener Pfeffer (nach Belieben)

Außerdem
24 Party-Fähnchen zum Fixieren

ZUBEREITUNG

① Die Melone schälen, Kerne entfernen und das Fruchtfleisch in 24 Würfel oder Spalten schneiden.
② Die Schinkenscheiben der Länge nach halbieren und nach Belieben mit etwas frisch gemahlenem Pfeffer betreuen.
③ Je ein Melonenstück mit einer Schinkenscheibe umwickeln und mit einem Party-Fähnchen fixieren.

Für das Buffet
Dieses Fingerfood können Sie auf dem Buffet auf einer großen Platte zusammen mit geräucherten Schinkenspezialitäten, Würstchen und Käse-Tomaten-Spießen anrichten.

Rohe Bratwürste
Bratwurstfüllungen haben einen intensiveren Geschmack als Kalbsbrät. Frische, rohe Bratwürste bekommen Sie bei Ihrem Metzger. Das rohe Brät müssen Sie dann nur noch aus der Wursthülle drücken.

Gefüllte Champignons

Für Experimentierlustige

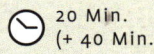 20 Min. (+ 40 Min.)

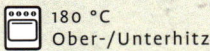 180 °C Ober-/Unterhitze

Gefüllte Champignons schmecken absolut köstlich. Als schwäbische Variante habe ich die Champignons mit einer Masse aus Hackfleisch, Brät und Spinat gefüllt. Die Idee für diese Füllung hat ihren Ursprung in der schwäbischen Maultasche.

ZUTATEN

Für 12 Stück
12 Riesenchampignons (6–7 cm Ø)
150 g gemischtes Hackfleisch
180 g Kalbsbrät oder rohe Bratwürste
1 altbackenes Weizenbrötchen
120 g Blattspinat
1 Schalotte
1 Knoblauchzehe
1 TL Olivenöl
1 Ei
2 EL frisch gehackte Petersilie
Salz
frisch gemahlener Pfeffer

Außerdem
Muffinförmchen aus Papier

ZUBEREITUNG

① Die Riesenchampignons putzen, Stiel herausdrehen und in Muffinförmchen, alternativ direkt auf ein mit Backpapier ausgelegtes Backblech setzen.
② Den Backofen auf 180 °C Ober-/Unterhitze vorheizen.
③ Das Brötchen in kaltem Wasser einweichen.
④ Den Blattspinat putzen, waschen, gut abtropfen lassen und in Streifen schneiden. Schalotte und Knoblauch schälen und fein hacken.
⑤ Das Olivenöl in einer kleinen, beschichteten Pfanne erhitzen, Schalotten und Knoblauch in ca. 2 Minuten glasig dünsten, herausnehmen und in eine große Schüssel geben.
⑥ Den Spinat in die Pfanne geben, ca. 1 Minute unter Rühren dünsten, herausnehmen und in die Schüssel geben. Das Brötchen gut ausdrücken, zerzupfen und ebenfalls hinzugeben.
⑦ Hackfleisch, Brät (oder Bratwurstfüllung, siehe Tipp), Ei und Petersilie dazugeben, mit Salz und Pfeffer würzen und alles zu einer gleichmäßigen Masse vermengen. Die Masse zu zwölf Kugeln formen, je eine Kugel in einen Champignon setzen und leicht andrücken.
⑧ Die Champignons im Ofen auf mittlerer Schiene 35–40 Minuten backen. Sie schmecken am besten warm und frisch aus dem Ofen.

Das schmeckt auch
Diese herzhaften Schneckennudeln können Sie auch vegetarisch mit Mais, Frühlingszwiebeln, Tomaten oder Zucchini zubereiten. Anstelle von Parmesan und Bergkäse können Sie auch Feta verwenden.

Hackfleisch-Paprika-Schneckennudeln

Für Kindergeburtstage

 20 Min.
(+ 25 Min.)

 210 °C
Ober-/Unterhitze

Diese pikanten Schneckennudeln, gefüllt mit Hackfleisch und Paprika, sind blitzschnell gemacht und ideal für den Kindergeburtstag oder für die Vesperbox.

ZUTATEN

Für 25 Stück
1 Rolle Pizzateig (500 g, aus dem Kühlregal)
350 g gemischtes Hackfleisch
1 Zwiebel
1 Knoblauchzehe
1 kleine rote Paprikaschote
½ EL Olivenöl
50 g gegrillte Paprika, in Öl eingelegt
3 EL frisch gehackte Petersilie
1 Ei
Salz
frisch gemahlener Pfeffer
Paprikapulver, rosenscharf
je 50 g frisch geriebener Parmesan und Bergkäse
1 Eigelb
1 EL Milch

ZUBEREITUNG

① Den Backofen auf 210 °C Ober-/Unterhitze vorheizen und ein Backblech mit Backpapier auslegen.
② Zwiebel und Knoblauch schälen und fein hacken. Paprika waschen, entkernen und fein würfeln.
③ Das Olivenöl in einer beschichteten Pfanne erhitzen, Zwiebel, Knoblauch und Paprika in ca. 3 Minuten glasig andünsten. In eine Schüssel geben.
④ Gegrillte Paprikaschoten fein schneiden und mit Hackfleisch, Petersilie und Ei ebenfalls in die Schüssel geben. Alles zu einer gleichmäßigen Masse verarbeiten und mit Salz, Pfeffer und Paprikapulver würzen.
⑤ Den Pizzateig entrollen und halbieren. Die Hackfleischmasse mit einer Palette oder einem großen Löffel gleichmäßig auf beiden Teighälften verstreichen und mit Käse bestreuen. Die Teigplatten jeweils von der Längsseite her aufrollen. Die Teigrollen in ca. 3 cm breite Scheiben schneiden. Die Scheiben mit etwas Abstand zueinander auf das Backblech setzen und mit der Hand etwas flach drücken.
⑥ Das Eigelb mit der Milch verquirlen und die Teigränder der Schneckennudeln dünn damit bestreichen.
⑦ Die Schneckennudeln im Ofen auf mittlerer Schiene in ca. 20–25 Minuten goldgelb backen.

Canapés & Aufstriche

Die edlere Variante von belegten Brötchen sind hübsche Canapés. Dünne Baguettescheiben werden z.B. mit Roastbeef oder Forellencreme üppig belegt und schön ausgarniert. So sind sie ideal für einen festlichen Sektempfang oder auch als kleine Vorspeise bei einem feinen Menü. Ein absolut schwäbisches Schmankerl sind die Canapés mit Schinken vom Alblinsenschwein!

Meine Lieblinge in diesem Kapitel sind
die *Canapés mit Forellencreme.*

Roastbeef
Roastbeef wird im Ganzen rosa gegart und dünn aufgeschnitten.
Sie bekommen es fertig zubereitet bei Ihrem Metzger.

Canapés mit Roastbeef & Balsamico-Zwiebeln

Für Gourmets

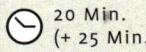 20 Min. (+ 25 Min.)

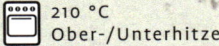 210 °C Ober-/Unterhitze

Das Roastbeef, am Stück mit Zwiebeln geschmort, ist im Schwabenländle der Zwiebelrostbraten. Besonders zart und saftig schmeckt Roastbeef aber auch aufgeschnitten. Mit einer feinen Pfefferbutter und aromatischen Balsamico-Zwiebeln entstehen feine, herzhafte Canapés.

ZUTATEN

Für 12 Stück
180 g Baguette
12 Scheiben rosa Roastbeef
2 rote Zwiebeln
1 TL Olivenöl
2 EL Aceto Balsamico
Salz
frisch gemahlener Pfeffer
40 g weiche Butter
¼ TL Pimentón de la Vera (geräuchertes Paprikapulver)
Preiselbeeren im Glas und etwas Petersilie für die Garnitur

ZUBEREITUNG

① Die Zwiebeln schälen und in dünne Ringe schneiden. Olivenöl in einer kleinen beschichteten Pfanne erhitzen, Zwiebelringe darin ca. 8 Minuten bei mittlerer Hitze unter gelegentlichem Rühren schmoren. Anschließend mit Balsamico ablöschen, ca. 1 Minute ziehen lassen und mit Salz und frisch gemahlenem Pfeffer würzen. Balsamico-Zwiebeln aus der Pfanne nehmen und abkühlen lassen.

② Das Baguette in zwölf gleichmäßige Scheiben schneiden und nach Belieben rösten. Die Butter mit Pimentón de la Vera und ½ TL gemahlenem Pfeffer verrühren und salzen. Baguettescheiben mit der Pfefferbutter bestreichen.

③ Die Roastbeefscheiben locker aufdrehen, auf die Baguettescheiben setzen und mit den Balsamico-Zwiebeln und je einem Klecks Preiselbeeren und etwas Petersilie garnieren.

Das schmeckt auch

Für eine Blitzvariante verwenden Sie bereits fertige, in Balsamico eingelegte Perlzwiebeln. Alternativ zum Roastbeef können Sie auch kalten, aufgeschnittenen Schweinebraten oder Kalbsfilet verwenden.

Das schmeckt auch
Anstelle von Baguette können Sie diese Canapés auch mit Pumpernickel zubereiten. Wenn Sie Forelle nicht so gerne mögen, können Sie die Creme auch mit Räucherlachs zubereiten.

Canapés mit Forellencreme

Für Fischfans

🕐 15 Min.

Diese edlen Canapés mit feinem Fisch sind ideal für ein besonderes Buffet. Die leichte Forellencreme ist in Kombination mit der Gurke und dem Dill absolut köstlich. Durch den frischen Meerrettich und den Limettensaft wird die Creme herrlich aromatisch.

ZUTATEN

Für 12 Stück
180 g Baguette
150 g Räucherforellenfilets
125 g Doppelrahmfrischkäse
1 ½ EL frisch gehackter Dill
1–2 TL Meerrettich
¼ TL Dijonsenf
½ EL Limettensaft
Salz
frisch gemahlener Pfeffer
1 Stück Gurke (ca. 3 cm)
etwas Dill und etwas Meerrettich für die Garnitur

ZUBEREITUNG

① Das Baguette in zwölf gleichmäßige Scheiben schneiden und nach Belieben rösten.
② 100 g Forellenfilet zerzupfen und in einer Schüssel mit einer Gabel zerdrücken. Frischkäse, Dill, Meerrettich, Dijonsenf und Limettensaft dazugeben und alles zu einer geschmeidigen Creme verrühren. Die Creme mit Salz und frisch gemahlenem Pfeffer abschmecken.
③ Die Gurke waschen, der Länge nach halbieren, mit einem Teelöffel entkernen und die Gurke in zwölf Halbmonde schneiden.
④ Mithilfe von zwei Esslöffeln Nocken aus der Creme formen und je eine Nocke auf eine Baguettescheibe setzen.
⑤ Das restliche Forellenfilet in zwölf gleich große Stücke teilen, zusammen mit je einem Gurkenstück vorsichtig auf die Creme-Nocken setzen und mit etwas Dill und Meerrettich bestreuen.

Das schmeckt auch
Wo Sie den feinen Schinken vom Alblinsenschwein bekommen, können Sie auf Seite 127 nachlesen. Wenn Sie diesen Schinken nicht bekommen, greifen Sie ganz einfach zu herzhaftem Schwarzwälder Schinken.

Canapés mit Schinken vom Alblinsenschwein

Für Gourmets und Schwaben-Kenner

⏱ 15 Min.

Der Klassiker unter den Canapés mit Schinken und Cornichons darf natürlich auch auf keinem schwäbischen Buffet fehlen. Diese Variante habe ich mit dem feinen Schinken vom Alblinsenschwein zubereitet. Dieser Schinken ist eine Delikatesse von der Schwäbischen Alb.

ZUTATEN

Für 12 Stück
12 Scheiben Laugenbaguette
12 dünne Scheiben Alblinsenschwein-Schinken
2 EL frische Schnittlauchröllchen
40 g weiche Butter
Salz
frisch gemahlener Pfeffer
12 kleine Cornichons

Außerdem
12 Party-Fähnchen zum Fixieren

ZUBEREITUNG

① Die Schnittlauchröllchen mit einer Gabel unter die weiche Butter mengen, salzen und pfeffern.
② Die Baguettescheiben nach Belieben rösten und mit der Schnittlauchbutter bestreichen. Die Schinkenscheiben locker aufdrehen und auf je eine Brotscheibe setzen.
③ Die Cornichons fächerartig einschneiden, auf die Canapés setzen und mit einem Party-Fähnchen fixieren.

Alblinsenschweine
Der feine Rohschinken stammt von den Alblinsenschweinen, die im Biosphärengebiet auf der Schwäbischen Alb in der Nähe von Bad Urach leben. Das Fleisch von diesen Schweinen ist besonders aromatisch und zart und wird zu vielen Delikatessen wie z. B. Kotelett, Schinken, Streichwurst und geräucherter Wurst verarbeitet.

54

Canapés mit Schweinelendchen

Für Gourmets

🕐 10 Min.

Zu Weihnachten gab es bei meiner Großmutter lange Zeit Schweinelendchen in Rahmsauce mit Spätzle. Das zarte Schweinefleisch mochte ich besonders, denn Großmutter hatte es immer in kleine Medaillons geschnitten. Die Medaillons werden bei meinem Rezept auf Baguette serviert.

ZUTATEN

Für 12 Stück
300 g Schweinelende oder Schweinefilet
180 g Baguette
40 g weiche Butter
Salz
12 Salbeiblätter
neutrales Pflanzenöl zum Anbraten
frisch gemahlener Pfeffer
Preiselbeeren im Glas
und evtl. Basilikumblättchen für die Garnitur

ZUBEREITUNG

① Das Baguette in zwölf gleichmäßige Scheiben schneiden, nach Belieben rösten und mit Butter bestreichen.
② Die Salbeiblätter waschen und trocken tupfen.
③ Das Schweinefleisch in zwölf gleich große Medaillons schneiden. Die Medaillons etwas flach drücken, leicht salzen und mit je einem Salbeiblatt belegen.
④ Das Pflanzenöl in einer (Grill-)Pfanne erhitzen und die Medaillons darin von jeder Seite ca. 2 Minuten anbraten. Die Medaillons herausnehmen und mit Küchenpapier abtupfen.
⑤ Die Baguettescheiben mit je einem Medaillon (Salbeiblatt nach unten) belegen, je einen Klecks Preiselbeeren mittig daraufgeben und mit frisch gemahlenem Pfeffer bestreuen.

Das schmeckt auch

Diese Canapés können Sie auch mit Kalbs- oder Rinderfilet zubereiten. Noch edler werden sie mit kurzgebratenen Medaillons vom Kalbsfilet. Die Preiselbeeren können Sie alternativ durch Kirschchutney ersetzen.

Das schmeckt auch
Den Luckeleskäs können Sie auch mit Kerbel oder anderen Frühlingskräutern zubereiten. Eine Alternative zu Crème fraîche ist Schmand oder saure Sahne.

Luckeleskäs & Großmutters Kräuterbutter

Schwäbische Klassiker

5 Min. (Luckeleskäs)
15 Min. (Kräuterbutter)

Bei einem traditionellen schwäbischen Vesper dürfen pikante Brotaufstriche wie der Luckeleskäs oder eine aromatische Kräuterbutter nicht fehlen. Beide Aufstriche sind blitzschnell zubereitet und schmecken hervorragend zu einer Scheibe Schwarzbrot oder zur Brezel.

ZUTATEN

Für 1 Glas Luckeleskäs à 275 g
1 kleine Knoblauchzehe
100 g Magerquark
150 g Crème fraîche
je 3 EL frisch gehackter Schnittlauch und Petersilie
1 TL frisch gepresster Zitronensaft
Salz
frisch gemahlener Pfeffer

ZUBEREITUNG

① Die Knoblauchzehe schälen und fein hacken.
② Quark und Crème fraîche mit den restlichen Zutaten in eine Schüssel geben und alles zu einer geschmeidigen Creme verrühren. Die Creme kräftig mit Salz und Pfeffer abschmecken.

Für 1 Rolle Kräuterbutter à 125 g
120 g sehr weiche Butter
3 EL frisch gehackter Schnittlauch
1 EL frisch gehackte Petersilie
Salz
frisch gemahlener Pfeffer
Paprikapulver, rosenscharf (nach Belieben)

① Die Butter mit einem Schneebesen aufschlagen und die gehackten Kräuter untermengen. Mit Salz und Pfeffer sowie Paprikapulver nach Belieben würzen.
② Ein großes Stück Frischhaltefolie ausbreiten, die Butter in die Mitte geben und zu einer Rolle formen. Die Butterrolle eng in die Folie einwickeln und für ca. 1 Stunde in den Kühlschrank legen. Zum Verzehr können Sie die Rolle in Scheiben schneiden.

Das schmeckt auch
Anstelle von Rucola können Sie auch Basilikum verwenden und nach Belieben den Knoblauch durch eine fein gewürfelte Schalotte ersetzen.

Schwarzwälder-Schinken-Creme mit Rucola

Für Gourmets

🕐 10 Min.

Diese feine Creme mit Schwarzwälder Schinken, Rucola und halbgetrockneten Tomaten schmeckt hervorragend zu frischem Baguette oder Pumpernickel. Für eine besonders pikante Creme können Sie auch noch geschnittene Frühlingszwiebeln unter die Creme rühren.

ZUTATEN

Für ca. 300 g
100 g Schwarzwälder Schinken am Stück
25 g Rucola
1 Knoblauchzehe
30 g halbgetrocknete Tomaten, in Öl eingelegt
150 g Magerquark
75 g Crème fraîche
Salz
frisch gemahlener Pfeffer

ZUBEREITUNG

① Den Schinken in feine Würfel schneiden. Rucola waschen und fein hacken. Die Knoblauchzehe schälen und ebenfalls fein hacken. Tomaten abtropfen lassen und klein schneiden.
② Alles zusammen mit dem Quark und der Crème fraîche in eine Schüssel geben und gut vermengen. Mit Salz und Pfeffer abschmecken.

Halbgetrocknete Tomaten

Sie bekommen sie in Gläsern im Supermarktregal oder an der Feinkosttheke. Halbgetrocknete Tomaten sind deutlich aromatischer und saftiger als sonnengetrocknete Tomaten. Damit ihr Aroma nicht verloren geht, werden sie meistens in Öl eingelegt angeboten.

Aus dem Glas

Fingerfood im Glas sieht nicht nur hübsch auf einem Buffet aus, sondern ermöglicht auch das Servieren von feinen Salaten, wie z.B. dem Linsen-Spätzle-Salat. Am besten eignen sich hierfür kleine Gläschen mit einem Fassungsvermögen von etwa 250 ml. Praktischerweise können Sie gleich kleine Gabeln ins Glas stecken oder Sie binden sie mit einem hübschen Garn am Glas an. Alternativ können Sie auch Einweg-Holzgabeln verwenden, die sie mit einem Stück Masking Tape am Glas fixieren.

Mein Lieblingssalat ist
der *Schwäbische Kartoffelsalat mit Mini-Saitenwürstle.*

Maultaschensalat mit Schnittlauch-Vinaigrette

Mediterran

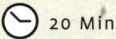 20 Min.

Dieser Maultaschensalat ist ideal für ein sommerliches Picknick oder als Beilage zum Grillbuffet. Durch die halbgetrockneten Tomaten und die gegrillte Paprika bekommt der Salat eine herrlich mediterrane Note.

ZUTATEN

Für 6 Gläser
Für die Vinaigrette
2–3 EL Weißweinessig
2 EL Apfelessig
½ TL Dijonsenf
½ EL Zitronensaft
3 EL Olivenöl
1–2 EL Sonnenblumenöl
2 EL Schnittlauchröllchen
Salz und Pfeffer
Für den Salat
3 Maultaschen (Seite 11 oder aus dem Kühlregal)
60 g Rucola
100 g gegrillte Paprika, in Öl eingelegt
18 Mini-Mozzarellakugeln
1 Mini-Gurke (ca. 150 g)
2 kleine Schalotten
½ EL Olivenöl
1 Schuss Aceto Balsamico
120 g halbgetrocknete Tomaten, in Öl eingelegt
Salz
frisch gemahlener Pfeffer

ZUBEREITUNG

① Für die Vinaigrette die beiden Essigsorten mit dem Senf und dem Zitronensaft gut verrühren. Die beiden Ölsorten unter Rühren unterschlagen, die Schnittlauchröllchen hinzufügen und die Vinaigrette mit Salz und Pfeffer abschmecken.

② Den Rucola waschen und gut trocken schütteln. Paprika in dünne Streifen schneiden, Mozzarellakugeln nach Belieben halbieren und die Tomaten in dünne Streifen schneiden. Die Gurke waschen, der Länge nach halbieren, mithilfe eines Teelöffels entkernen und die Gurkenhälften in Scheiben schneiden. Die Schalotten schälen und in feine Streifen schneiden.

③ Die Maultaschen in dünne Scheiben schneiden. Etwas Olivenöl in einer beschichteten Pfanne erhitzen und die Maultaschen bei mittlerer Hitze von beiden Seiten jeweils ca. 1 Minute anbraten. Maultaschen herausnehmen und beiseitestellen.

④ Schalotten in die Pfanne geben, ca. 1 Minute andünsten, mit Balsamico ablöschen und aus der Pfanne nehmen.

⑤ Rucola, Paprikastreifen, Gurkenscheiben, Maultaschen, Mozzarella und Tomaten gleichmäßig auf die sechs Gläser verteilen, mit der Schnittlauch-Vinaigrette beträufeln und mit den Balsamico-Zwiebeln garnieren.

Spätzle
Die Spätzle können Sie entweder frisch nach dem Rezept auf Seite 9 zubereiten, oder Sie nehmen fertige Spätzle aus dem Kühlregal, die sie nur noch kurz in heißem Wasser gar ziehen lassen und kalt abschrecken müssen.

Spätzle-Ackersalat mit Bacon-Pralinen

Für Spätzlefans

 15 Min.
(+ 10 Min.)

 200 °C
Ober-/Unterhitze

Ab Herbst gibt es feinen Ackersalat frisch vom Feld und der schmeckt in Kombination mit Spätzle und knusprigem Bacon richtig gut. Salat und Spätzle werden abwechselnd in Gläser geschichtet – ein Hingucker auf jedem herbst-winterlichen Buffet.

ZUTATEN

Für 6 Gläser
Für das Dressing
1 TL Dijonsenf
½ TL Honig
2 EL Weißweinessig
1 TL frisch gepresster Zitronensaft
je 2 EL Sonnenblumen- und Olivenöl
Salz
frisch gemahlener Pfeffer
Für den Salat
60–80 g Ackersalat
300 g Spätzle, gekocht und kalt abgeschreckt (siehe Tipp)
12 Scheiben Bacon
frisch gemahlener Pfeffer

Außerdem
6 Gläser
6 Party-Fähnchen für die Bacon-Pralinen

ZUBEREITUNG

① Den Backofen auf 200 °C Ober-/Unterhitze vorheizen und ein Backblech mit Backpapier auslegen.
② Für das Dressing Senf mit Honig, Weißweinessig und Zitronensaft verrühren. Unter Rühren die beiden Ölsorten unterschlagen und mit Salz und Pfeffer abschmecken.
③ Den Ackersalat putzen, waschen und trocken schleudern.
④ Die Baconscheiben einzeln aufrollen, auf das Backblech setzen, mit etwas Pfeffer bestreuen und im Ofen auf mittlerer Schiene in 10 Minuten knusprig backen. Je zwei Bacon-Pralinen auf ein Party-Fähnchen stecken. Ackersalat und kalte Spätzle schichtweise in die Gläser geben, dabei mit dem Salat abschließen. Den Salat mit dem Dressing beträufeln und mit den Bacon-Pralinen garnieren.

Das schmeckt auch
Anstelle von Saitenwürstle können Sie den Salat auch mit Schnitzel-Sticks servieren: Dazu ein Kalbsschnitzel in sechs Streifen schneiden, salzen und pfeffern. Die Streifen in Mehl wenden, durch ein verquirltes Ei ziehen und in Semmelbrösel wenden. Knusprig braten.

Schwäbischer Kartoffelsalat mit Mini-Saitenwürstle

Schwäbischer Klassiker

🕒 30 Min. (+ 1 Stunde)

Der Kartoffelsalat gehört im Schwabenland einfach dazu! Hier wird er mit Brühe, Essig und Öl zubereitet. Am leckersten schmecken dazu Saitenwürstle, wie der Schwabe zu Wiener Würstchen sagt. Bei dieser Fingerfood-Variante kommt der Salat ins Glas.

ZUTATEN

Für 6 Gläser
650 g Kartoffeln, festkochend
1 Zwiebel
1 Knoblauchzehe
100 ml Gemüse- oder Rinderbrühe
2–3 EL Weißweinessig
½–1 TL Dijonsenf
Salz
frisch gemahlener Pfeffer
2 EL Olivenöl
1 Prise Zucker
6 Mini-Saitenwürstle
2 EL frische Schnittlauchröllchen + etwas mehr für die Garnitur

Außerdem
6 Gläser

ZUBEREITUNG

① Die Kartoffeln gründlich bürsten, in Salzwasser gar kochen, abgießen und auskühlen lassen. Anschließend die Kartoffeln pellen und in dünne Scheiben schneiden.
② Zwiebel und Knoblauch schälen und fein würfeln.
③ Die Brühe in einem Topf einmal aufkochen und vom Herd ziehen. Zwiebel und Knoblauch in der Brühe ca. 5 Minuten ziehen lassen.
④ Dann Weißweinessig und Dijonsenf hinzufügen und die Brühe kräftig mit Salz und frisch gemahlenem Pfeffer abschmecken.
⑤ Die Kartoffelscheiben in eine große Schüssel geben und mit dem warmen Dressing übergießen und gut durchmischen. Den Kartoffelsalat ca. 1 Stunde abgedeckt ziehen lassen. Dann mit Olivenöl, einer Prise Zucker, Salz und Pfeffer abschmecken. Zum Schluss die Schnittlauchröllchen unterrühren.
⑥ Die Saitenwürstle in heißem Wasser ca. 5 Minuten ziehen lassen und herausnehmen.
⑦ Den Kartoffelsalat in Gläser geben, je ein Saitenwürstle ins Glas stecken und mit Schnittlauch garnieren.

Salatkartoffeln
Für den Kartoffelsalat verwenden Sie am besten Salatkartoffeln, die es auf dem Markt gibt.

Das schmeckt auch
Wenn Sie frisch geräucherte Bodenseefelchen bekommen, dann bereiten Sie den Salat damit zu, diese Kombination ist traumhaft lecker. Alternativ schmecken geräucherte Lachsforellen- oder Saiblingsfilets gut.

Gurkensalat mit Forellenfilets

Für Fischfans und Eilige

🕐 15 Min.

Gurkensalat geht immer! Und mit einem frischen Dressing aus Sahnejoghurt, verfeinert mit frischen Kräutern und Zitrone wirds richtig lecker. Die zarten Forellenfilets aus dem Schwarzwald machen diesen Mini-Salat zu einem feinen schwäbischen Gourmetsalat.

ZUTATEN

Für 6 Gläser
1 Stück Salatgurke (ca. 300 g)
300 g geräucherte Forellenfilets
125 g griechischer Sahnejoghurt
1 EL Sahne
½ EL Weißweinessig
1 TL frisch gepresster Zitronensaft
2 TL frisch gehackte Dillspitzen
2 TL frische Schnittlauchröllchen
1 Prise Zucker
Salz
frisch gemahlener Pfeffer
rosa Pfefferbeeren für die Garnitur
Schnittlauchhalme für die Garnitur

Außerdem
6 Gläser

ZUBEREITUNG

① Die Salatgurke waschen, schälen und längs halbieren. Die Kerne mithilfe eines Teelöffels herauskratzen. Die Gurkenhälften in ca. 1 cm breite Scheiben schneiden, so entstehen kleine Halbmonde.
② Für das Joghurt-Dressing den Sahnejoghurt mit der Sahne, dem Weißweinessig und dem Zitronensaft glatt rühren. Dillspitzen und Schnittlauchröllchen unterrühren und das Dressing mit einer kleinen Prise Zucker, Salz und Pfeffer abschmecken.
③ Die Forellenfilets in kleine Stücke zupfen und zusammen mit den Gurkenscheiben in die Gläser füllen. Das Joghurt-Dressing darüber träufeln und die Salatgläser mit ein paar rosa Pfefferbeeren und Schnittlauchhalmen garnieren.

Aufbewahren im Kühlschrank
Wenn Sie den Salat kalt servieren, können Sie ihn bis zum Verzehr mit Frischhaltefolie abgedeckt im Kühlschrank lagern.

Linsen-Spätzle-Salat

Schwäbischer Klassiker

⏱ 15 Min.
(+ 35 Min.)

Der schwäbische Klassiker "Linsen mit Spätzle" ist absolut fingerfood-tauglich und kommt als Salat in kleinen Gläsern auf das Party-Buffet. Wenn Sie mögen, können Sie auch noch Saitenwürstle-Scheiben zusammen mit dem Karottengemüse anbraten und unter den Salat mischen.

ZUTATEN

Für 6–8 kleine Gläser
165 g Linsen, z. B. Puy- oder Bernstein-Linsen
300 g frische Spätzle (Seite 9 oder fertig aus dem Kühlregal)
1 TL Butter
2 kleine Karotten
2 Frühlingszwiebeln
1 Knoblauchzehe
Olivenöl, extra nativ
2–3 EL Sherryessig
Salz
frisch gemahlener Pfeffer
2–3 EL frisch gehackte Petersilie
2 TL Zitronensaft
½ TL Dijonsenf

Außerdem
6–8 kleine Gläser

ZUBEREITUNG

① Die Linsen nach Packungsanweisung in kochendem Wasser bissfest garen. Anschließend in einem Sieb abgießen und kalt abschrecken. 1 TL Butter in einer beschichteten Pfanne erhitzen und die Spätzle darin 2–3 Minuten unter gelegentlichem Rühren erwärmen. Spätzle in eine große Schüssel geben und beiseitestellen.

② Karotten schälen und in sehr kleine Würfel schneiden. Frühlingszwiebeln waschen und in feine Ringe schneiden, dabei das Grün von den weißen Zwiebelringen trennen. Knoblauch abziehen und fein hacken.

③ 2 TL Olivenöl in der Pfanne erhitzen und Karottenwürfel, Knoblauch und weiße Zwiebelringe darin ca. 5 Minuten unter gelegentlichem Rühren dünsten. Das Gemüse mit 1 EL Sherryessig ablöschen, salzen und pfeffern und zu den Spätzle in die Schüssel geben.

④ Die gegarten Linsen mit der gehackten Petersilie und den grünen Frühlingszwiebelringen unter die Spätzle rühren und den Salat mit 1 EL Sherryessig, Zitronensaft, etwas Olivenöl, Dijonsenf, Salz und frisch gemahlenem Pfeffer würzig abschmecken.

⑤ Den Salat in sechs kleine Gläser füllen, mit etwas gehackter Petersilie bestreuen und warm oder kalt servieren.

Das schmeckt auch
Der ursprüngliche Schwäbische Wurstsalat wurde zur Hälfte mit Schwarzwurst zubereitet. Wenn Sie diese Variante zubereiten möchten, ersetzen Sie 150 g Fleischwurst durch Schwarzwurst.

Schwäbischer Wurstsalat

Für Wurstfans

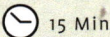 15 Min.

Der schwäbische Wurstsalat wird traditionell zum Vesper gegessen. Meine Wurstsalat-Variante habe ich mit Radieschen und Schalotte verfeinert. Durch die Schnittlauchröllchen bekommt der Salat eine schöne Kräuterfrische.

ZUTATEN

Für 6 Gläser
300 g Fleischwurst
100 g Essiggurken
1 Schalotte
6 Radieschen
1–2 EL frische Schnittlauchröllchen
3–4 EL Weinessig
2 EL Essiggurkenwasser
½ TL mittelscharfer Senf
2 EL Olivenöl
1 Prise Zucker
Salz
frisch gemahlener Pfeffer

Außerdem
6 Gläser

ZUBEREITUNG

① Die Fleischwurst häuten und in ca. 5 mm dicke Scheiben schneiden. Die Scheiben in sehr dünne Streifen schneiden und in eine Schüssel geben. Essiggurken ebenfalls in dünne Streifen schneiden und zur Fleischwurst geben.
② Die Schalotte schälen und in feine Ringe schneiden. Radieschen waschen und in dünne Streifen schneiden. Schalotten, Radieschen und Schnittlauchröllchen in die Schüssel geben und alles gut vermengen.
③ Für das Dressing den Weinessig mit Essiggurkenwasser und Senf glatt rühren. Das Olivenöl unterrühren und das Dressing mit einer Prise Zucker, Salz und Pfeffer kräftig abschmecken.
④ Den Wurstsalat mit dem Dressing anmachen und mit Frischhaltefolie abgedeckt 2–3 Stunden im Kühlschrank ziehen lassen.
⑤ Den Wurstsalat in Gläser füllen und nach Belieben mit Baguettescheiben servieren.

Das schmeckt auch
Den Salat können Sie mit gebratenen Speckwürfeln oder Saitenwürstle-Scheiben verfeinern. In meiner Wahlheimat Bayern wird gerne Krautsalat aus Rotkohl gegessen. Einfach statt Filderkraut Rotkohl nehmen – für einen schönen, lilafarbenen Salat!

Schwäbischer Filderkrautsalat

Schwäbischer Klassiker

🕐 15 Min.

Ein schöner Krautsalat – vorzugsweise aus feinem Filderkraut – schmeckt wunderbar und darf in kleinen Gläsern serviert ebenfalls auf das Fingerfood-Buffet. Er ist blitzschnell gemacht und passt ideal zu Mini-Fleischküchle (Seite 23) oder Schinken-Käse-Hörnle (Seite 33).

ZUTATEN

Für 6 Gläser
750 g Filderkraut oder Weißkraut
¼ TL Salz
4–5 EL Weißweinessig
3 EL Olivenöl
1 EL frisch gepresster Zitronensaft
1 Prise Zucker
frisch gemahlener Pfeffer
etwas Petersilie für die Garnitur

Außerdem
6 Gläser

ZUBEREITUNG

① Das Kraut auf einem Küchenhobel in feine Streifen hobeln und in eine große Schüssel geben. Das Salz über das Kraut streuen und mit den Händen gut durchkneten, bis das Kraut etwas weicher wird.
② Weißweinessig, Olivenöl, Zitronensaft und Zucker verrühren und über das Kraut geben. Alles gut durchmischen und mit Pfeffer und evtl. einer Prise Salz abschmecken.
③ Den Krautsalat mit Folie abgedeckt ca. 2 Stunden ziehen lassen. Den fertigen Salat in die Gläser füllen und mit etwas Petersilie garnieren.

Burger & Co

Mini-Burger eignen sich perfekt als Fingerfood! Hat man erst mal kleine Burger-Buns gebacken, lassen sich daraus im Nu wunderbare Burger zaubern. Schwäbisch wird es mit leckerem Krautsalat oder feinem Zwiebelrostbraten. Und eine Variante mit Maultaschen darf natürlich auch nicht fehlen.
Mit meiner Lieblingsburgersauce und dem würzig-aromatischen Zwiebelchutney können Sie nahezu jeden Burger verfeinern.

Mein absoluter Liebling in diesem Kapitel ist der *Pulled-Pork-Burger mit Krautsalat.*

Keine Zeit für Hefeteig?
Aus Laugenstangen zum Aufbacken können Sie blitzschnell Mini-Laugenweckle herstellen: Vier Laugenstangen ca. 10 Minuten leicht antauen lassen, jeweils in drei gleich große Stücke schneiden und mit etwas vom beigelegten Salz bestreuen. Die Mini-Laugenweckle 10 Minuten im vorgeheizten Ofen (Mitte) bei 200 °C Ober-/ Unterhitze backen.

Grundrezept Mini-Laugenweckle

Schwäbischer Klassiker

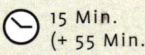 15 Min. (+ 55 Min.)

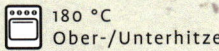 180 °C Ober-/Unterhitze

Schwäbische Laugenweckle im Mini-Format eigenen sich hervorragend, um kleine Burger zu zaubern. Dieses Rezept stammt von meiner Großmutter. Klassischerweise stellt sie die Weckle mit echter Lauge her. Da man diese aber nicht so einfach bekommt, habe ich mich für die Herstellung mit einer Natron-Wasser-Mischung entschieden.

ZUTATEN

Für 20–25 Stück
250 g Mehl
1 Prise Salz
20 g frische Hefe
5 g Zucker
75 ml lauwarmes Wasser
150 g Butter
1 Ei
1 l Wasser
100 g Natron
2 EL Hagelsalz

Außerdem
Schaumlöffel

ZUBEREITUNG

① Mehl und Salz in eine große Schüssel geben und in die Mitte eine Mulde drücken. Die Hefe mit dem Zucker im lauwarmen Wasser auflösen und in die Mulde gießen. Mit etwas Mehl vom Rand zu einem zähflüssigen Vorteig verrühren. Die Schüssel abgedeckt für ca. 15 Minuten an einem warmen Ort stehen lassen.

② Die Butter und das Ei in die Schüssel geben und alles mit den Händen oder den Knethaken des Rührgeräts zu einem glatten Teig verkneten. Der Teig sollte schön weich, jedoch nicht mehr klebrig sein. Evtl. noch etwas Wasser bzw. Mehl dazugeben, bis der Teig die richtige Konsistenz erreicht hat. Den Teig abgedeckt ca. 30 Minuten ruhen lassen.

③ Den Teig in 20–25 Stücke teilen und jedes Stück vorsichtig zu einer Kugel mit glatter Oberfläche rollen. Die Teigkugeln abgedeckt ca. 10 Minuten ruhen lassen. Den Backofen auf 180 °C Ober-/Unterhitze vorheizen und ein Backblech mit Backpapier auslegen.

④ Das Wasser in einen Topf geben, Natron hinzufügen, einmal umrühren und aufkochen lassen. Den Topf vom Herd ziehen und das Natronwasser leicht abkühlen lassen. Die Teigkugeln für ca. 20 Sekunden im warmen Natronwasser ziehen lassen, mit einem Schaumlöffel herausheben und mit reichlich Abstand zueinander auf das Backblech setzen.

⑤ Die Weckle mit einem scharfen Messer an der Oberfläche einritzen, dann mit etwas Hagelsalz bestreuen. Weckle im Ofen auf mittlerer Schiene in ca. 15 Minuten goldbraun backen.

Richtig Kneten
Das Kneten des Teiges kann 5-7 Minuten dauern, bis der Teig die richtige Konsistenz erreicht hat. Die Brioche-Buns können auch eingefroren werden.

Grundrezept Mini-Brioche-Buns

Für Gourmets

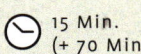 15 Min. (+ 70 Min.)

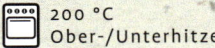 200 °C Ober-/Unterhitze

Diese Brioche-Buns dürfen bei keiner Burgerparty fehlen. Die langen Ruhezeiten des Hefeteigs machen die kleinen Burger-Brötchen schön weich und fluffig. Am besten schmecken sie mit Mini-Fleischküchle (Seite 23) oder als Mini-LKWs (Seite 91).

ZUTATEN

Für ca. 25 Stück
460 g Mehl
40 g Hartweizengrieß
1 Prise Salz
100 ml lauwarme Milch
100 ml lauwarmes Wasser
½ Würfel Hefe
½ TL Zucker
80 g Butter, in Stücken
2 Eier (M), verquirlt
1 Eigelb
2 EL Milch
Sesam zum Bestreuen

ZUBEREITUNG

① Mehl, Grieß und Salz in eine große Rührschüssel geben, vermischen und eine Mulde in die Mitte drücken. Milch und Wasser vermischen, Hefe und Zucker darin auflösen und in die Mulde gießen. Mit etwas Mehl vom Rand einen Vorteig anrühren. Die Rührschüssel mit einem Küchentuch abdecken und für ca. 30 Minuten an einen warmen Ort stellen.

② Butter und die verquirlten Eier zur Mehl-Hefe-Mischung geben und alle Zutaten mit den Knethaken des Handrührgeräts zu einem weichen Hefeteig verarbeiten. Der Teig hat die richtige Konsistenz, wenn er sich von selbst vom Schüsselrand löst. Den Teig zur Kugel formen, in die Schüssel legen und abgedeckt ca. 40 Minuten ruhen lassen. Den Backofen auf 200 °C Ober-/Unterhitze vorheizen und ein Backblech mit Backpapier auslegen.

③ Den Teig in ca. 25 gleich große Stücke teilen, jedes Stück behutsam zu einer Kugel formen. Dabei ist wichtig, dass man die Teigstücke nicht mehr groß knetet, damit die Luft nicht aus dem Teig entweicht. Die Kugeln mit etwas Abstand zueinander auf das Backblech setzen und mit einem Küchentuch abgedeckt ca. 20 Minuten ruhen lassen.

④ Eigelb mit der Milch verquirlen, die Teigkugeln dünn damit bestreichen und mit Sesam bestreuen. Die Brioche-Buns im Ofen auf mittlerer Schiene in 12–15 Minuten goldgelb backen.

Lieblingsburgersauce

Zwiebelchutney

Haltbarkeit
In ein sauberes, sterilisiertes Glas abgefüllt hält sich das Chutney bis zu 2 Wochen im Kühlschrank.

Zwiebelchutney

Für Barbecue- und Grillfans

⏱ 15 Min. (+50 Min.)

Dieses Zwiebelchutney ist der absolute Knaller! Die Zwiebeln schmoren eine Zeit lang vor sich hin und entfalten zusammen mit den Gewürzen ihr volles Aroma. Das Zwiebelchutney passt ideal zu gegrilltem Fleisch, kaltem Braten und zur Käseplatte.

ZUTATEN

Für ca. 350 g
300 g rote Zwiebeln
2 frische Knoblauchzehen
1 EL Olivenöl
3 Lorbeerblätter
1 kleine Zimtstange
4 Nelken
60 g brauner Zucker
1 EL Karamellsirup oder Honig
50 ml Aceto Balsamico
je 10 ml Rotweinessig und Sherryessig
Salz
frisch gemahlener Pfeffer

ZUBEREITUNG

① Zwiebeln schälen und in dünne Ringe oder Streifen schneiden. Knoblauchzehen schälen und halbieren.

② Das Olivenöl in einer großen, beschichteten Pfanne erhitzen, Zwiebeln mit Knoblauch darin ca. 6 Minuten bei mittlerer Hitze dünsten, bis sie weich sind. Lorbeerblätter, Zimtstange, Nelken, Zucker und Sirup oder Honig dazugeben und ca. 1 Minute unter gelegentlichem Rühren dünsten.

③ Zwiebeln mit Balsamico-, Rotwein- und Sherryessig ablöschen und offen ca. 40 Minuten bei geringer Hitze köcheln lassen. Währenddessen gelegentlich umrühren.

④ Nelken, Zimtstange und Lorbeerblätter entfernen und das fertige Chutney in saubere, sterilisierte Gläser füllen und abkühlen lassen.

Schnell aufessen!
Aufgrund des rohen Eigelbs in der Burgersauce ist sie maximal 1 Tag haltbar.

Lieblingsburgersauce

Für Burgerfans

 15 Min.

Diese Burgersauce schmeckt fantastisch auf allen Burgern mit klassischen Pattys aus Hackfleisch, gebratener Hähnchenbrust oder Rindersteak. Sie ist blitzschnell zusammengerührt und kann nach Belieben mit Gewürzen oder frischen Kräutern verfeinert werden.

ZUTATEN

Für ca. 300 ml
2 sehr frische Eigelb
1–2 TL Dijonsenf
3 TL frisch gepresster Zitronensaft
150 ml Sonnenblumenöl
Salz
frisch gemahlener Pfeffer
150 ml Ketchup
1 frische Knoblauchzehe
2 TL Chipotle-Chilisauce
1–2 TL Worcestersauce
Pimentón de la Vera
Paprikapulver, rosenscharf

ZUBEREITUNG

① Alle Zutaten für die Lieblingsburgersauce auf Zimmertemperatur bringen. Eigelb, Dijonsenf und Zitronensaft in eine Schüssel oder einen hohen Mixbecher geben und mit einem Schneebesen oder Pürierstab schaumig aufschlagen.

② Das Sonnenblumenöl zunächst tröpfchenweise, anschließend in einem dünnen Strahl unter ständigem Rühren oder Mixen unterrühren. So lange aufschlagen, bis eine dickcremige Mayonnaise entstanden ist. Die Mayonnaise mit Salz und Pfeffer abschmecken.

③ Ketchup, fein gehackte Knoblauchzehe, Chipotle-Chilisauce und Worcestersauce unter die Mayonnaise rühren. Mit Pimentón de la Vera, Paprikapulver, Salz und Pfeffer kräftig abschmecken. Die Burgersauce bis zum Verzehr abgedeckt im Kühlschrank aufbewahren.

Das schmeckt auch

Zwei Varianten: Für eine Knoblauchsauce bereiten Sie eine Mayonnaise wie beschrieben zu und verfeinern mit fein gehacktem Knoblauch; für eine extrascharfe Sauce rühren Sie frisch gehackte Chilischote unter.

Fleischküchle-Burger im Brioche-Bun

Für Kindergeburtstage

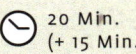 20 Min. (+ 15 Min.)

Der Burger-Klassiker geht natürlich auch auf "Schwäbisch". Herzhafte Fleischküchle sind das Herzstück der Mini-Burger. Verfeinert werden sie mit Tomaten, Essiggürkchen und einer feinen Cocktailsauce.

ZUTATEN

Für ca. 25 Stück
1 Rezept Mini-Fleischküchle (Seite 23)
25 Mini-Brioche-Buns (Seite 81) oder 12 fertige Burger-Buns (halbiert)
150–200 ml Lieblingsburgersauce (Seite 85) oder fertige Burgersauce
5 mittelgroße Tomaten
12 kleine Essiggurken
einige Salatblätter, z. B. Eisberg- oder Kopfsalat
einige Scheiben Cheddarkäse, nach Belieben

Außerdem
Party-Picker zum Fixieren

ZUBEREITUNG

① Den Backofen auf 210 °C Ober-/Unterhitze vorheizen. Die Fleischküchle wie auf Seite 22 zubereiten und portionsweise im heißen Öl in einer beschichteten Pfanne anbraten. Nach Belieben auf jedes Fleischküchle ein Stück Cheddarkäse legen und zerlaufen lassen.

② Währenddessen die Tomaten waschen und quer in Scheiben schneiden. Essiggurken in Scheiben schneiden, Salatblätter in kleine Stücke zupfen.

③ Die Mini-Brioche-Buns aufschneiden, mit den Schnittflächen nach unten auf den Backofenrost legen und im heißen Ofen auf mittlerer Schiene ca. 5 Minuten rösten.

④ Die Burger nach Belieben mit Fleischküchle, Tomaten, Essiggurken, Salat und Lieblingsburgersauce „zusammenbauen" und mit Party-Pickern fixieren.

Das schmeckt auch
Wenn Sie keine Essiggurken mögen, können Sie auch Salatgurkenscheiben verwenden.

Da Pulled Pork nur gut wird, wenn es aus einem großen Stück Fleisch hergestellt wird, bleibt hier eine ordentliche Menge übrig. Sie können es z.B. einfrieren oder mit Braten- bzw. Rahmsauce zu Spätzle oder Nudeln essen.

Pulled-Pork-Burger mit Krautsalat

Für Gourmets

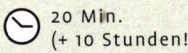 20 Min. (+ 10 Stunden!)

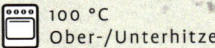 100 °C Ober-/Unterhitze

Für dieses Rezept benötigen Sie sehr viel Zeit. Aber es lohnt sich definitiv, denn Sie werden mit einem superleckeren Burger belohnt! Aromatisches Pulled Pork kombiniert mit saftigem Krautsalat ist unwiderstehlich und macht garantiert alle Burger-Fans glücklich!

ZUTATEN

Für 12 Burger
Für das Pulled Pork
2 kg Schweineschulter mit Schwarte
2–3 EL Dijonsenf
1 TL Paprikapulver
2 TL Pimentón de la Vera
1 TL gemahlener Kreuzkümmel
1 TL Knoblauchpulver
½ TL Cayennepfeffer
1 TL Pfeffer
2 TL Salz, 1 TL Zucker
Für den Krautsalat
250 g Weißkohl
2–3 EL Weißweinessig
1–2 EL Olivenöl
½ EL Zitronensaft
Salz und Pfeffer
1 Prise Zucker
Zusätzlich
12 Mini-Brioche-Buns (Seite 81)
2 EL Butter
8 EL Barbecuesauce

ZUBEREITUNG

① Die Zubereitung beginnt am Vortag des geplanten Essens: Für das Pulled Pork die Schweineschulter kalt abspülen, trocken tupfen und von allen Seiten mit dem Senf bestreichen. Die Gewürze und den Zucker vermischen und ringsherum gründlich in das Fleisch einmassieren. Das Fleisch in Frischhaltefolie einwickeln und mindestens über Nacht in den Kühlschrank legen.

② Am Folgetag den Backofen auf 100 °C Ober/Unterhitze vorheizen. Das Fleisch aus der Folie wickeln, auf den Backofenrost setzen und für ca. 10 Stunden in den Ofen auf mittlerer Schiene schieben. Direkt unter den Backofenrost ein Backblech einschieben, damit die austretenden Fleischsäfte aufgefangen werden können. Das Fleisch stündlich mit dem Fleischsaft einpinseln. Das fertig gegarte Fleisch aus dem Ofen nehmen und sofort mithilfe von zwei Gabeln zerzupfen.

③ Für den Krautsalat den Kohl auf einem Hobel in feine Streifen hobeln und in eine Schüssel geben. Mit Weißweinessig, Olivenöl, Zitronensaft, Salz, Pfeffer und etwas Zucker anmachen, gut durchkneten und mit Frischhaltefolie abgedeckt ca. 2 Stunden ziehen lassen.

④ Kurz vor dem Servieren den Backofen-Grill vorheizen. Die Brioche-Buns halbieren und die Schnittflächen jeweils mit etwas Butter bestreichen. Die Hälften mit den Schnittflächen nach oben auf den Backofenrost setzen und im heißen Ofen ca. 3 Minuten rösten. 360 g fertiges Pulled Pork mit Barbecuesauce vermischen und gleichmäßig auf den unteren Bunhälften verteilen. Je etwas Krautsalat daraufgeben und die Buns zuklappen.

Das schmeckt auch
Die Mini-LKWs können Sie auch mit den Mini-Brioche-Buns von Seite 80 zubereiten. Sehr fein schmeckt es auch, wenn Sie die LKWs mit einigen Radieschenscheiben belegen.

Mini-LKWs

Für Kindergeburtstage

 20 Min.

Das klassisch schwäbische Streetfood "LKW" bedeutet Leberkäsweckle. Ein Weckle, für echte Schwaben vorzugsweise ein Laugenweckle, belegt mit einer dicken Scheibe Fleischkäse. Richtig lecker sind die Mini-LKWs mit einer würzigen Sauce auf Ketchup-Basis.

ZUTATEN

Für 12 Stück
12 Mini-Laugenweckle (Seite 79) oder 6 fertige Burger-Buns (halbiert)
2 Scheiben Fleischkäse, ca. 1 cm dick
1 TL neutrales Pflanzenöl
6 Cocktailtomaten
3 Romanasalatblätter
5 EL Ketchup
1 TL Worcestersauce
1 TL Chipotle-Chilisauce
½ TL Aceto Balsamico
Salz
frisch gemahlener schwarzer Pfeffer

Außerdem
12 Party-Fähnchen zum Fixieren

ZUBEREITUNG

① Die beiden Scheiben Fleischkäse in jeweils sechs gleich große Stücke schneiden, sodass man am Ende zwölf Stücke bekommt. Das Öl in einer beschichteten Pfanne erhitzen und die Fleischkäse-Stücke darin portionsweise jeweils ca. 1 Minute von beiden Seiten anbraten.
② Cocktailtomaten und Salatblätter waschen und trocken tupfen. Die Cocktailtomaten halbieren, die Salatblätter in zwölf Stücke schneiden.
③ Ketchup, Worcestersauce, Chipotle-Chilisauce und Aceto Balsamico verrühren und kräftig mit Salz und gemahlenem Pfeffer abschmecken.
④ Die Laugen-Buns aufschneiden, mit je einer Scheibe Fleischkäse, einer halben Cocktailtomaten und einem Salatblatt belegen, mit der Würzsauce beträufeln und die Buns zusammensetzen. Mini-LKWs mit Party-Fähnchen fixieren.

Das schmeckt auch
Statt mit rohen Zwiebelringen können Sie den Swabian Burger auch mit Zwiebelschmälze zubereiten. Hierfür zwei Zwiebeln schälen, in feine Ringe schneiden und in der Pfanne in reichlich Butter goldgelb anschwitzen.

The Swabian Burger

Für Maultaschenfans

⏱ 10 Min.

Der Swabian Burger besteht aus einem Laugenweckle, knusprig gebratenen Maultaschenscheiben und der Lieblingsburgersauce. So richtig schwäbisch wird es, wenn Sie die rohen Zwiebeln durch eine klassisch schwäbische Zwiebelschmälze ersetzen.

ZUTATEN

Für 12 Mini-Burger
12 Mini-Laugenweckle (Seite 79) oder 6 fertige Burger-Buns (halbiert)
6 Maultaschen (Seite 11 oder fertig aus dem Kühlregal)
6–8 EL Lieblingsburgersauce (Seite 85 oder fertige Burgersauce)
2 EL Butter
½ EL Olivenöl
1 große rote Zwiebel
2 Tomaten
(nach Belieben)
12 kleine Salatblätter, z. B. Eisbergsalat
Salz
frisch gemahlener schwarzer Pfefferr

Außerdem
12 kleine Spieße zum Fixieren

ZUBEREITUNG

① Den Backofen-Grill vorheizen. Die Laugenweckle halbieren und die Schnittflächen jeweils mit etwas Butter bestreichen. Die Hälften mit den Schnittflächen nach oben auf den Backofenrost setzen und im heißen Ofen ca. 3 Minuten rösten.
② Die Maultaschen in ca. 1 cm dicke Scheiben schneiden und in einer beschichteten Pfanne im heißen Öl von beiden Seiten goldgelb anbraten, herausnehmen und auf Küchenpapier abtropfen lassen.
③ Die Zwiebel schälen und in feine Ringe schneiden. Die Tomaten waschen und in zwölf Scheiben schneiden.
④ Die unteren Laugenwecklehälften mit etwas Lieblingsburgersauce bestreichen und mit je einem Salatblatt belegen. Je drei Maultaschenscheiben, eine Tomatenscheibe und einige Zwiebelringe darauf platzieren. Etwas Salz und Pfeffer darüberstreuen, die Laugenweckledeckel mit etwas Lieblingsburgersauce bestreichen und auflegen. Die Burger nach Belieben mit Spießen fixieren.

Sauerkraut-Burger mit Saitenwürstle

Für Eilige

🕐 10 Min.

Die beliebten Saitenwürstle schmecken in Kombination mit Sauerkraut im kleinen Laugenweckle hervorragend: Mini-Burger, die blitzschnell gemacht und ideal für den kleinen Hunger zwischendurch sind.

ZUTATEN

Für 12 Burger
12 Mini-Laugenweckle (Seite 79) oder 6 fertige Burger-Buns (halbiert)
20 g Butter
1 Paar Saitenwürstle
300 g fertiges Sauerkraut
Ketchup
Salz
frisch gemahlener Pfeffer

ZUBEREITUNG

① Den Backofen-Grill vorheizen. Die Laugenweckle aufschneiden und die Schnittflächen jeweils mit etwas Butter bestreichen. Die Hälften mit den Schnittflächen nach oben auf den Backofenrost setzen und im heißen Ofen ca. 3 Minuten rösten.
② Die Saitenwürstle ca. 5 Minuten in heißem Wasser ziehen lassen. Saitenwürstle aus dem Wasser nehmen, der Länge nach halbieren und jede Hälfte in drei gleich große Stücke schneiden. Das Sauerkraut nach Belieben erwärmen.
③ Die unteren Wecklehälften mit Ketchup bestreichen, jeweils etwas Sauerkraut und zwei Saitenwürstle-Stücke darauflegen. Mit Salz und Pfeffer bestreuen und mit etwas Ketchup beträufeln. Laugenweckle zusammensetzen.

Das schmeckt auch

Sehr fein zu Sauerkraut schmecken auch Schweinekotelett oder Kassler. Scheiben in der Pfanne anbraten, in zwölf Stücke schneiden und zusammen mit dem Sauerkraut und dem Ketchup auf die Weckle geben.

Deluxe-Burger

Für eilige Gourmets

🕐 15 Min.

Zu kleinen Deluxe-Bissen werden diese Burger durch edles Roastbeef oder Rinderhüftfilet. Zusammen mit dem aromatischen Zwiebelchutney und einer feinen Barbecuesauce werden die Burger zu superleckeren Häppchen.

ZUTATEN

Für 12 Burger
12 Mini-Brioche-Buns (Seite 81) oder 6 fertige Burger-Buns (halbiert)
600 g Roastbeef oder Rinderhüftfilet
10 EL Zwiebelchutney (Seite 83)
2 EL Butter
1 EL neutrales Pflanzenöl
12 Cocktailtomaten
12 EL Barbecuesauce
Salz
frisch gemahlener Pfeffer

ZUBEREITUNG

① Den Backofen-Grill vorheizen. Die Mini-Brioche-Buns aufschneiden und die Schnittflächen jeweils mit etwas Butter bestreichen. Die Hälften mit den Schnittflächen nach oben auf den Backofenrost setzen und im heißen Ofen ca. 3 Minuten rösten.

② Das Fleisch in zwölf Scheiben schneiden und leicht salzen. Das Öl in einer beschichteten Pfanne oder in einer Grillpfanne erhitzen und das Fleisch portionsweise von beiden Seiten ca. 3 Minuten anbraten. Das Fleisch sollte im Inneren noch leicht rosa sein, dann ist es fertig.

③ Die Cocktailtomaten waschen und vierteln. Die unteren Bunhälften mit Barbecuesauce bestreichen. Dann mit je einer Scheibe Fleisch, etwas Zwiebelchutney und Cocktailtomaten belegen. Mit etwas Barbecuesauce beträufeln und Pfeffer darüberstreuen. Dann die Buns zuklappen.

Das schmeckt auch

Je nach Belieben können Sie die Burger zusätzlich mit Salatblättern, Rucola und Gurke verfeinern.

Süßes Finale

Süße Häppchen dürfen auch beim Fingerfood keinesfalls fehlen. Schwäbische Flachswickel, Schwarzwälder-Kirsch-Trifle im Glas, Mini-Gugelhupfe oder Zwetschgen-Törtchen runden ein schwäbisches Fingerfood-Buffet ideal ab. Die süßen Leckereien eignen sich aber auch perfekt für den Sonntagskaffee oder als Mitbringsel für Freunde und Familie.

Meine Lieblinge aus diesem Kapitel sind
die *Apfelkuchen-Muffins mit Streuseln*
und die *Nussecken.*

Schnell gemacht
Für eine Blitzvariante dieses Desserts können Sie auch fertigen dunklen Wiener-Boden verwenden. In der Kirschsaison schmeckt das Dessert natürlich am besten mit süßen, frischen Kirschen.

Schwarzwälder-Kirsch-Trifle

Schwarzwälder Klassiker

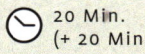 20 Min. (+ 20 Min.)

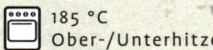 185 °C Ober-/Unterhitze

Der Torten-Klassiker wird in kleine Gläser geschichtet und bekommt so seinen großen Auftritt auf dem Fingerfood-Buffet. Die Portion aus dem Glas ist ideal und liegt keinesfalls schwer im Magen, wie man es sonst von einem Stück Schwarzwälder Kirschtorte kennt.

ZUTATEN

Für 16 Gläser

Für den Biskuit
3 Eier (M)
90 g Zucker
1 Päckchen Vanillezucker
50 g Mehl
10 g Kakaopulver
30 g Speisestärke
1 Prise Salz

Für die Füllung
1 Glas Kirschen (Abtropfgewicht 370 g)
400 g Mascarpone
200 g Magerquark
8 EL Puderzucker
16 EL Kirschsaft
1–2 EL Rum

Für die Deko
16 Kirschen mit Stiel
16 kleine Minzeblättchen
Schokoladenspäne
Spritzbeutel mit Sterntülle
Blitzhacker
16 Gläser

ZUBEREITUNG

① Den Backofen auf 185 °C Ober-/Unterhitze vorheizen und den Boden einer Springform (Ø 24 cm) mit Backpapier auslegen. Für den Biskuit die Eier mit Zucker und Vanillezucker schaumig aufschlagen. Mehl, Kakaopulver, Speisestärke und Salz vermischen und unter die Ei-Zucker-Mischung rühren.

② Den Teig in die Springform füllen, glatt streichen und im Ofen auf mittlerer Schiene 15–20 Minuten backen. Den fertigen Biskuit aus dem Ofen nehmen und vollständig auskühlen lassen. Den Biskuit in kleine Stücke zupfen und im Blitzhacker zu feinen Kuchenkrümeln verarbeiten.

③ Für die Creme Mascarpone, Magerquark und Puderzucker in eine Rührschüssel geben und mit den Quirlen des Handrührgeräts cremig aufschlagen. Die Creme in einen Spritzbeutel mit Sterntülle füllen. Den Kirschsaft mit dem Rum mischen.

④ In jedes Glas 1–2 EL Kuchenkrümel geben, mit dem Rum-Kirschsaft beträufeln und mit je fünf Kirschen aus dem Glas belegen. Die Creme gleichmäßig in die 16 Gläser spritzen und mit restlichen Kuchenkrümeln, je einer Kirsche mit Stiel, einem Minzeblatt und ein paar Schokoladenspänen garnieren.

Die Gläser bis zum Servieren in den Kühlschrank stellen.

Das schmeckt auch
Die Nuss-Schneckennudeln können Sie auch ausschließlich mit Kokosraspeln oder gemahlenen Mandeln backen.

Schwäbische Nuss-Schneckennudeln

Für Nussfans

 25 Min. (+ 1,5 Stunden)

 175 °C Ober-/Unterhitze

Wenn meine Mutter früher Schneckennudeln gebacken hat, duftete es in der ganzen Wohnung danach. Schneckennudeln sind perfekt für die Kaffeetafel und können beliebig variiert werden. Wenn Sie keine Nüsse mögen, schmeckt Ihnen vielleicht die Kakao-Variante (Seite 105)?

ZUTATEN

Für ca. 25 Stück

Für den Hefeteig
330 g Mehl
1 Prise Salz
125 ml Milch
20 g frische Hefe
80 g Zucker + 1 TL Zucker
90 g Butter
1 Ei (M)

Für die Füllung
125 g gemahlene Haselnüsse
80 g Kokosraspel
50 g Zucker
1 Päckchen Vanillezucker
6 EL Schlagsahne

Außerdem
1 Eigelb
2 EL Milch

ZUBEREITUNG

① Mehl und Salz in einer großen Schüssel vermischen und eine Mulde in die Mitte drücken. Die Milch in einem kleinen Topf lauwarm erhitzen, die Hefe und 1 TL Zucker darin unter Rühren auflösen. Die Hefemilch in die Mulde der Rührschüssel gießen und mit etwas Mehl vom Rand zu einem glatten, flüssigen Vorteig verrühren. Die Schüssel mit einem Küchentuch abdecken und für ca. 15 Minuten an einen warmen Ort stellen.

② Zucker, Butter und das Ei zur Mehlmischung geben und alles mit den Knethaken des Handrührgeräts zu einem glatten Hefeteig kneten. Der Teig sollte sich locker vom Schüsselrand lösen und nicht mehr klebrig sein. Teig zur Kugel formen, in die Schüssel zurücklegen und mit einem Küchentuch abgedeckt ca. 1 Stunde ruhen lassen. Den Backofen auf 175 °C Ober-/Unterhitze vorheizen und ein Backblech mit Backpapier auslegen.

③ Für die Füllung Haselnüsse, Kokosraspeln, Zucker und Vanillezucker in eine Schüssel füllen. Sahne dazugeben und alles mit einem Löffel verrühren.

④ Den Teig aus der Schüssel nehmen und auf der bemehlten Arbeitsfläche zu einem großen, ca. 5 mm dicken Rechteck ausrollen. Nussmasse gleichmäßig auf der Teigplatte verteilen und glatt streichen. Die Teigplatte von der langen Seite her aufrollen. Die Rolle in fingerdicke Scheiben schneiden. Die Scheiben mit etwas Abstand zueinander auf das Backblech setzen. Eigelb und Milch verquirlen und die Schneckennudeln dünn damit bestreichen.

⑤ Im Ofen auf mittlerer Schiene ca. 15–20 Minuten goldgelb backen, herausnehmen und auf einem Kuchengitter auskühlen lassen.

Kakao-Schneckennudeln

Für Kindergeburtstage

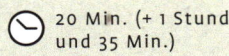 20 Min. (+ 1 Stunde und 35 Min.)

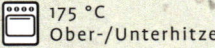 175 °C Ober-/Unterhitze

Diese Schneckennudeln habe ich als Kind abgöttisch geliebt. Besonders schokoladig werden sie, wenn man noch ein paar Schokostreusel mit einrollt. Schokoholics können die Schneckennudeln auch noch mit geschmolzener Kuvertüre beträufeln und verzieren.

ZUTATEN

Für ca. 25 Stück
1 Rezept Hefeteig (Seite 103)
3 EL Kakaopulver
4 EL Puderzucker
1 Eigelb
2 EL Milch

ZUBEREITUNG

① Den Hefeteig wie auf Seite 103 beschrieben zubereiten und ruhen lassen. Den Backofen auf 175 °C Ober-/Unterhitze vorheizen und ein Backblech mit Backpapier auslegen.

② Für die Kakaofüllung den Kakao mit dem Puderzucker mischen. Den Teig aus der Schüssel nehmen und auf der Arbeitsfläche zu einem großen, ca. 5 mm dicken Rechteck ausrollen. Die Kakaomischung gleichmäßig auf der Teigplatte verteilen und glatt streichen. Die Teigplatte von der langen Seite her aufrollen. Die Rolle in fingerdicke Scheiben schneiden. Die Scheiben mit etwas Abstand zueinander auf das Backblech setzen.

③ Eigelb und Milch verquirlen und die Schneckennudeln dünn damit bestreichen.

④ Die Schneckennudeln im Ofen auf mittlerer Schiene in ca. 15–20 Minuten goldgelb backen, herausnehmen und auf einem Kuchengitter vollständig auskühlen lassen.

Das schmeckt auch

Sie können die Schneckennudeln auch mit Trinkschokoladenpulver und etwas weniger Puderzucker zubereiten. Dann schmecken sie nicht so herb.

Rosinen-Schneckennudeln

Für Rosinenfans

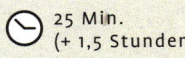 25 Min.
(+ 1,5 Stunden)

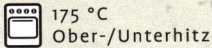 175 °C
Ober-/Unterhitze

Diese Schneckennudeln gibt es in nahezu jeder Bäckerei. Selbst gebacken und mit einer schönen Zuckerglasur schmecken sie noch besser. Nach Belieben können Sie auch noch ein paar Mandelstifte auf die Glasur streuen.

ZUTATEN

Für ca. 25 Stück
1 Rezept Hefeteig (Seite 103)
30 g Butter
125 g Rosinen
1 Eigelb
2 EL Milch
100 g Puderzucker (gesiebt)
3 EL Zitronensaft oder Wasser

ZUBEREITUNG

① Den Hefeteig wie auf Seite 103 beschrieben zubereiten und ruhen lassen. Den Backofen auf 175 °C Ober-/Unterhitze vorheizen und ein Backblech mit Backpapier auslegen.
② Den Teig aus der Schüssel nehmen und auf der Arbeitsfläche zu einem großen, ca. 5 mm dicken Rechteck ausrollen.
③ Die Butter in einem kleinen Topf zerlassen und gleichmäßig auf der Teigplatte verstreichen. Rosinen darauf verteilen.
④ Die Teigplatte von der langen Seite her aufrollen und in fingerdicke Scheiben schneiden. Die Scheiben mit etwas Abstand zueinander auf das Backblech setzen.
⑤ Eigelb und Milch verquirlen und die Schneckennudeln damit dünn bestreichen.
⑥ Die Schneckennudeln im Ofen auf mittlerer Schiene in ca. 15–20 Minuten goldgelb backen, herausnehmen und auf einem Kuchengitter vollständig auskühlen lassen.
⑦ Puderzucker mit Zitronensaft oder Wasser zu einem dickflüssigen Zuckerguss verrühren und die Schneckennudeln damit bestreichen.

Das schmeckt auch
Anstelle der Haselnüsse können Sie die Ruggele auch mit Kokosflocken oder gemahlenen Mandeln backen.

Nuss-Ruggele

Für Nussfans

 15 Min.
(+ 25 Min.)

 180 °C
Ober-/Unterhitze

Diese schwäbischen Mini-Nuss-Hörnle sind absolut himmlisch. Besonders gerne mag ich sie mit einer Prise Zimt. Schokoholics können einen Klecks Nussnougatcreme oder ein Stückchen Nougat mit einrollen.

ZUTATEN

Für 24 Stück
Für den Teig
100 g kalte Butter, in Flöckchen
100 g Doppelrahmfrischkäse
150 g Mehl
1 Prise Salz
1 TL abgeriebene Schale einer Bio-Zitrone
Für den Haselnuss-Zucker
20 g brauner Zucker
15 g Zucker
1 Päckchen Vanillezucker
20 g gemahlene Haselnüsse
1 Prise Zimt

ZUBEREITUNG

① Die Butter mit Frischkäse, Mehl, Salz und Zitronenschale in eine Schüssel geben und mit den Händen zu einem glatten, festen Teig verkneten. Den Teig zur Kugel formen, in Frischhaltefolie wickeln und für ca. 2 Stunden in den Kühlschrank legen. Den Backofen auf 180 °C Ober-/Unterhitze vorheizen und ein Backblech mit Backpapier auslegen.
② Die Zutaten für den Haselnuss-Zucker in einer Schüssel vermischen und die Hälfte der Mischung gleichmäßig auf der Arbeitsfläche verteilen.
③ Den Teig aus dem Kühlschrank nehmen und in zwei gleich große Stücke teilen. Ein Stück Teig auf der bestreuten Arbeitsfläche zu einem großen Kreis (ca. 26 cm Ø) ausrollen und mit einem Messer in zwölf „Tortenstücke" schneiden. Die Dreiecke von der breiten Seite her zu Ruggele (Hörnle) aufrollen und mit etwas Abstand zueinander auf das Backblech setzen. Mit der zweiten Teigportion genauso verfahren.
④ Die Ruggele im Ofen auf mittlerer Schiene ca. 25 Minuten goldgelb backen, herausnehmen und vollständig abkühlen lassen.

Das schmeckt auch
Für eine Blitzvariante können Sie fertigen, süßen Mürbeteig aus dem Kühlregal verwenden und anstelle von Kokosflocken können Sie die Tartelettes auch ganz klassisch mit gemahlenen Mandeln backen.

Träubles-Tartelettes

Schwäbischer Sommer-Klassiker

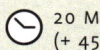 20 Min. (+ 45 Min.)

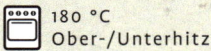 180 °C Ober-/Unterhitze

Im Schwabenländle sagt man zu Johannisbeeren "Träuble" und ein saftiger Träubles-Kuchen mit luftiger Baisermasse darf im Sommer auf keiner Kuchentafel fehlen! Diese Mini-Variante ist ideal für Sommerpartys. Mein Geheimtipp: Ich verwende zarte Kokosflocken.

ZUTATEN

Für 8 kleine Tartelettes

Für den Teig

250 g Mehl
1 Prise Salz
150 g kalte Butter, in Flöckchen
80 g Zucker
1 Päckchen Vanillezucker
3 Eigelb
½ EL abgeriebene Schale einer Bio-Zitrone
3 EL Wasser

Für die Baisermasse

300 g rote Johannisbeeren
3 Eiweiß
1 Prise Salz
½ EL Zitronensaft
130 g Zucker
100 g Kokosraspel

Außerdem

8 Tartelette-Förmchen
Hülsenfrüchte zum Blindbacken

ZUBEREITUNG

① Den Backofen auf 180 °C Ober-/Unterhitze vorheizen, die Tartelette-Förmchen mit Butter einfetten und auf ein Backblech setzen.

② Die Zutaten für den Teig mit den Knethaken des Handrührgeräts zu einem glatten Mürbeteig verkneten, in Frischhaltefolie wickeln und für ca. 30 Minuten in den Kühlschrank legen.

③ Den Teig in acht Stücke teilen und jedes Stück auf einer leicht bemehlten Arbeitsfläche zu einem dünnen Kreis ausrollen. Die Kreise in die Tartelette-Förmchen setzen und zu gleichmäßigen Böden festdrücken. Mit einer Gabel mehrmals einstechen, etwas Backpapier darauflegen und mit Hülsenfrüchten beschweren.

④ Die Böden im Ofen auf mittlerer Schiene ca. 10 Minuten vorbacken, Hülsenfrüchte und Backpapier entfernen und weitere 5 Minuten backen.

⑤ Johannisbeeren waschen und mit einer Gabel von den Rispen streifen. Eiweiß, Salz und Zitronensaft zusammen steif schlagen. Den Zucker unter Rühren einrieseln lassen. 4 EL Eischnee abnehmen und beiseitestellen. Unter den restlichen Eischnee vorsichtig die Johannisbeeren und Kokosflocken unterheben.

⑥ Die Johannisbeer-Baisermasse gleichmäßig auf die Tartelette-Böden geben. Den übrigen Eischnee kreisförmig darauf verteilen und mit einem Löffel kleine Spitzen hochziehen.

⑦ Die Tartelettes im Ofen auf mittlerer Schiene ca. 30 Minuten backen, bis sie goldgelb sind. Abkühlen lassen und vorsichtig aus den Formen heben.

Apfelkuchen-Muffins mit Streuseln

Für Apfelfans

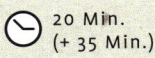 20 Min. (+ 35 Min.)

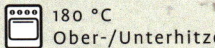 180 °C Ober-/Unterhitze

Apfelkuchen mit Streuseln ist ein Klassiker im Schwabenland. Am besten schmeckt er mit einem üppigen Klecks Schlagsahne. Auch auf dem Fingerfood-Buffet müssen Sie nicht auf diese süße Leckerei verzichten, denn als Muffins schmecken sie genauso grandios.

ZUTATEN

Für 12 Muffins

Für den Mürbeteig
250 g Mehl
125 g kalte Butter, in Flöckchen
90 g Puderzucker
1 Päckchen Vanillezucker
1 EL Milch + 1 Ei
1 Prise Salz
½ EL abgeriebene Schale einer Bio-Zitrone

Für die Füllung
350 g Boskoop-Äpfel
2–3 EL brauner Zucker
Mark von ½ Vanilleschote
¼ TL Zimtpulver
2 TL Zitronensaft

Für die Streusel
100 g Mehl
30 g Zucker
20 g brauner Zucker
1 Päckchen Vanillezucker
60 g kalte Butter

Muffinblech

ZUBEREITUNG

① Alle Zutaten für den Mürbeteig in eine große Rührschüssel geben und mit den Händen rasch zu einem glatten, festen Teig verkneten. Teig zur Kugel formen, in Frischhaltefolie einwickeln und für ca. 30 Minuten in den Kühlschrank legen.

② Backofen auf 180 °C Ober-/Unterhitze vorheizen und die Mulden eines Muffinblechs mit Butter einfetten.

③ Für die Apfelfüllung die Äpfel waschen, schälen, entkernen und in kleine Würfel schneiden. Mit braunem Zucker, Vanillemark, Zimt und Zitronensaft vermischen.

④ Für die Streusel das Mehl mit den Zuckersorten und der kalten Butter in eine Schüssel geben und mit den Händen zu Streuseln verkneten.

⑤ Den Mürbeteig aus dem Kühlschrank nehmen, zu einem langen, gleichmäßigen Strang formen und in zwölf Scheiben schneiden. Die Scheiben in die Mulden des Muffinblechs setzen, flach drücken und mit den Fingern an den Rändern hochziehen. Die Böden mehrmals mit einer Gabel einstechen und das Blech für ca. 10 Minuten in den Ofen auf mittlerer Schiene schieben.

⑥ Das Blech aus dem Ofen nehmen und die Böden mit der Apfelfüllung belegen. Die Streusel leicht festdrücken und die Muffins im Ofen auf mittlerer Schiene ca. 20–25 Minuten backen. Muffins aus dem Ofen nehmen, abkühlen lassen und vorsichtig aus den Mulden heben.

Das schmeckt auch
Die Party-Sandwiches schmecken auch mit Honig und Butter. Wenn Sie nur die Hälfte der Hefezöpfle-Sandwiches benötigen, können Sie die fertig gebackenen Zöpfle in Gefrierbeuteln einfrieren.

Süße Hefezöpfle-Sandwiches

Für Kindergeburtstage
Zum Frühstück

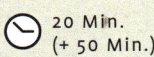 20 Min. (+ 50 Min.)

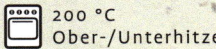 200 °C Ober-/Unterhitze

Der klassische schwäbische Hefezopf kommt als Party-Hefezöpfle-Sandwich auf das Fingerfood-Buffet. Ich liebe sie mit Butter und Brombeermarmelade. Sie schmecken aber auch fantastisch mit Nussnougat- oder Erdnusscreme.

ZUTATEN

Für ca. 45 Stück

Für den Teig
500 g Mehl
1 Prise Salz
30 g frische Hefe
¼ l lauwarme Milch
50 g Zucker +
½ TL Zucker
100 g weiche Butter
1 Ei

Zusätzlich
1 Eigelb
1 EL Milch
Hagelzucker zum Bestreuen
etwas weiche Butter
Lieblingsmarmelade

Außerdem
Party-Fähnchen zum Fixieren

ZUBEREITUNG

① Das Mehl mit einer Prise Salz in eine große Schüssel geben und eine Mulde in die Mitte drücken. Die Hefe zerkrümeln und mit ½ TL Zucker in die lauwarme Milch geben und unter Rühren auflösen. Die Hefemilch in die Mulde gießen und mit etwas Mehl vom Rand zu einem Vorteig verrühren. Die Schüssel mit einem sauberen Küchentuch abgedeckt ca. 15 Minuten ruhen lassen.

② Zucker, Butter und das Ei in die Schüssel geben und alles mit den Knethaken des Handrührgeräts zu einem glatten Hefeteig verkneten. Den Teig in der Schüssel abgedeckt ca. 30 Minuten ruhen lassen. Den Backofen auf 200 °C Ober-/Unterhitze vorheizen und zwei Backbleche mit Backpapier auslegen.

③ Teig aus der Schüssel nehmen und in 15 Portionen teilen. Aus jeder Portion drei Teigstränge rollen und diese jeweils zu einem kleinen Hefezopf flechten. Mit den restlichen Portionen ebenso verfahren, bis 15 kleine Hefezöpfle entstanden sind. Die Hefezöpfle mit etwas Abstand zueinander auf den Backblechen verteilen.

④ Das Eigelb mit der Milch verquirlen, die Hefezöpfle damit bestreichen und mit Hagelzucker bestreuen. Im Ofen auf mittlerer Schiene in ca. 20 Minuten goldgelb backen.

⑤ Die ausgekühlten Hefezöpfle in ca. 1 cm dicke Scheiben schneiden. Die Hälfte der Scheiben mit Butter und Lieblingsmarmelade bestreichen und mit den restlichen Scheiben zu kleinen Sandwiches zusammensetzen. Die Sandwiches mit einem kleinen Party-Fähnchen fixieren und auf einer Platte anrichten.

Schwäbische Flachswickel

Schwäbischer Klassiker

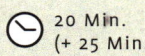 20 Min.
(+ 25 Min.)

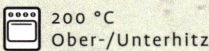 200 °C
Ober-/Unterhitze

Das feine Zuckergebäck darf natürlich auf keiner schwäbischen Kaffeetafel fehlen. Die Flachswickel sind blitzschnell gemacht und meistens auch ebenso schnell vernascht. Kein Wunder, denn sie schmecken superzart und zuckersüß. Wer kann da schon widerstehen?

ZUTATEN

Für 40–45 Stück
500 g Mehl
1 Prise Salz
1 Würfel Hefe
1 TL Zucker +
4 EL Zucker
5–6 EL lauwarmes Wasser
300 g Butter oder Margarine, in Stücken
2 Eier, verquirlt

ZUBEREITUNG

① Mehl und Salz in einer Schüssel mischen und eine Mulde hineindrücken. Hefe und 1 TL Zucker im lauwarmen Wasser auflösen und in die Mulde gießen. Mit etwas Mehl vom Rand zu einem sehr flüssigen Vorteig verrühren. Die Schüssel abdecken und ca. 15 Minuten an einen warmen Ort stellen.

② Butter und verquirlte Eier zur Mehlmischung geben und mit den Knethaken des Handrührgeräts zu einem glatten, noch leicht klebrigen, zähen Teig verarbeiten. Teig zur Kugel formen und abgedeckt 10 Minuten ruhen lassen. Den Backofen auf 200 °C Ober-/Unterhitze vorheizen, ein Backblech mit Backpapier auslegen.

③ 4 EL Zucker auf einen Teller geben. Den Teig in 40 bis 45 gleich große Kugeln teilen. Jede Kugel zu einem ca. 15 cm langen Strang rollen, jeden Strang wie eine Acht umeinanderschlingen, die Enden verzwirbeln und sofort im Zucker wenden.

④ Die Flachswickel auf das Backblech setzen und im Ofen auf mittlerer Schiene in 15–18 Minuten leicht goldgelb backen.

Damit der Teig nicht kleben bleibt
Vor dem Rollen der Stränge können Sie die Arbeitsfläche mit Zucker bestreuen. Mehl sollte nicht verwendet werden, da die Flachswickel sonst schnell zu trocken werden.

Zwetschgen-Törtchen

Für Zwetschgenfans

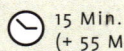 15 Min.
(+ 55 Min.)

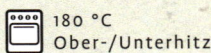 180 °C
Ober-/Unterhitze

Auch im Schwabenland kommt im Spätsommer der Klassiker Zwetschgenkuchen auf die Kuchentafel. Am feinsten ist der Zwetschgenkuchen mit üppigen Streuseln und Mandelstiften. Die sind natürlich auch bei der Mini-Variante ein absolutes Muss.

ZUTATEN

Für 12 kleine Törtchen
Für den Mürbeteig
250 g Mehl
125 g kalte Butter, in Flöckchen
90 g Puderzucker
1 Päckchen Vanillezucker
1 EL Milch
1 Ei
1 Prise Salz
½ EL abgeriebene Schale einer Bio-Zitrone
Für den Belag
12 große Zwetschgen
3 EL Mandelstifte
Für die Streusel
75 g Mehl
50 g Puderzucker
1 Päckchen Vanillezucker
50 g kalte Butter

Außerdem
Muffinblech

ZUBEREITUNG

① Alle Zutaten für den Mürbeteig in eine große Rührschüssel geben und mit den Händen rasch zu einem glatten, festen Teig verkneten. Teig zur Kugel formen, in Frischhaltefolie einwickeln und für ca. 30 Minuten in den Kühlschrank legen.

② Backofen auf 180 °C Ober-/Unterhitze vorheizen und die Mulden eines Muffinblechs mit Butter einfetten. Die Zwetschgen waschen, entkernen und vierteln.

③ Für die Streusel, das Mehl mit Puderzucker, Vanillezucker und kalter Butter in eine Schüssel geben und mit den Händen zu Streuseln verkneten.

④ Den Mürbeteig aus dem Kühlschrank nehmen, zu einem langen, gleichmäßigen Strang formen und in zwölf Scheiben schneiden. Die Scheiben in die Mulden des Muffinblechs setzen, flach drücken und mit den Fingern an den Wänden der Mulden zu Rändern hochziehen.

⑤ Die Böden mit je vier Zwetschgen-Vierteln belegen und mit den Streuseln und Mandelstiften bestreuen. Die Streusel leicht festdrücken und die Törtchen im Ofen auf mittlerer Schiene ca. 20–25 Minuten backen.

⑥ Törtchen aus dem Ofen nehmen, abkühlen lassen und vorsichtig aus den Mulden heben.

Das schmeckt auch
Anstelle von Aprikosenmarmelade können Sie für die Nussecken auch Kirsch- oder Erdbeermarmelade verwenden.

Nussecken

Für Nussfans

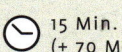 15 Min. (+ 70 Min.)

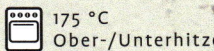 175 °C Ober-/Unterhitze

Die Nussecken sind nicht schwäbisch, dennoch haben sie sich in dieses Buch geschlichen. Der Bäcker, bei dem ich als Kind mit meiner Mutter Brezeln geholt habe, hatte in der Auslage duftende Nussecken mit Schokolade. Deshalb gehören sie für mich zum süßen Finale.

ZUTATEN

Für ca. 32 Stück

Für den Teig
125 g kalte Butter
300 g Dinkelmehl
2 Eier
1 Prise Salz
1 Päckchen Vanillezucker
100 g Zucker
1 TL Backpulver
1 EL Milch

Für den Belag
200 g Butter
200 g gehackte Mandeln
200 g Haselnusskrokant (oder gehackte Haselnüsse)
130 g Zucker
50 g brauner Zucker
Mark von ½ Vanilleschote
4 EL Wasser
6 EL Aprikosenmarmelade
125 g Zartbitter Kuvertüre, grob gehackt

ZUBEREITUNG

① Die Butter in Flöckchen schneiden. Alle Zutaten für den Teig in eine große Schüssel geben und mit den Knethaken des Handrührgeräts zu einem glatten, geschmeidigen Mürbteig verkneten. In Frischhaltefolie gewickelt für 30–45 Minuten in den Kühlschrank legen.

② Den Backofen auf 175 °C Ober-/Unterhitze vorheizen und ein Backblech oder eine Backform (je 40 × 40 cm) mit Backpapier auslegen.

③ Für den Belag die Butter in einem Topf schmelzen lassen. Mandeln, Haselnusskrokant, beide Zuckersorten und das Vanillemark in eine Schüssel geben und mit dem Wasser vermischen.

④ Die Nussmischung zur Butter in den Topf geben und unter Rühren ca. 5 Minuten bei geringer Hitze köcheln lassen. Den Topf vom Herd ziehen. Den Teig gleichmäßig auf dem Blech ausrollen, mit Aprikosenmarmelade bestreichen, dann die Nussmischung gleichmäßig darüber verteilen und glatt streichen.

⑤ Das Blech für 30–35 Minuten in den Ofen (mittlere Schiene) schieben, bis die Nussmischung goldgelb glänzt. Das Blech aus dem Ofen nehmen und 2–3 Stunden auskühlen lassen. Die Nussplatte in Quadrate, dann in Dreiecke schneiden.

⑥ Die Kuvertüre über dem Wasserbad schmelzen und die Nussecken nach Belieben an einer Seite überziehen oder dünne Kuvertürestreifen mithilfe eines Spritzbeutels oder Löffels auftragen.

Wenn Sie keinen Spritzbeutel haben Füllen Sie in diesem Fall den Teig in einen Gefrierbeutel und schneiden Sie eine kleine Ecke auf. So lässt sich der Teig ebenfalls gut in die Formen füllen.

Mini-Gugelhupfe

Für Kindergeburtstage

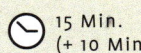 15 Min. (+ 10 Min.)

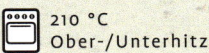 210 °C Ober-/Unterhitze

Diese kleinen Gugelhupfe habe ich nach einem Kuchenrezept meiner Großmutter gebacken. Ein schwäbischer Rührteig mit Quark, Puddingpulver, Zitrone und viel Schokolade. Der Kuchentraum meiner Kindheit – und in Miniform schmeckt er genauso himmlisch!

ZUTATEN

Für ca. 20 Mini-Gugelhupfe

65 g weiche Butter + etwas mehr zum Fetten der Form
85 g Puderzucker
1 Ei
1 Prise Salz
1 TL frisch gepresster Zitronensaft
50 g Magerquark (alternativ Crème fraîche)
65 g Mehl
16 g Vanillepuddingpulver
1 TL Backpulver
50 g Zartbitterschokolade (alternativ Vollmilchschokolade)

Außerdem
Backform für Mini-Gugelhupfe

ZUBEREITUNG

① Den Backofen auf 210 °C Ober-/Unterhitze vorheizen, die Backform mit etwas Butter einfetten und auf ein Backblech setzen.

② Die Butter cremig aufschlagen, den Puderzucker einrieseln lassen und so lange rühren, bis sich Butter und Zucker zu einer weichen Creme verbunden haben. Dann Ei, Salz, Zitronensaft und Quark unterrühren. Mehl mit Vanillepuddingpulver und Backpulver vermischen und ebenfalls unterrühren. Die Schokolade in feine Stücke hacken oder reiben und unter den Teig rühren.

③ Den Teig in einen Spritzbeutel füllen und in die Mulden der Backform spritzen. Die Form ein paar Mal auf der Arbeitsfläche aufschlagen, so entweichen die Luftbläschen im Teig.

④ Die Mini-Gugelhupfe im Ofen auf der untersten Schiene 11–13 Minuten backen, bis sie goldgelb sind. Herausnehmen, ca. 10 Minuten ruhen lassen und anschließend aus der Form lösen. Nach Belieben können Sie die Mini-Gugelhupfe auch mit Schokoladenglasur überziehen.

Das schmeckt auch
Dieses Dessert können Sie anstelle von Kirschen auch mit Heidelbeeren, Äpfeln oder Pfirsichen zubereiten.

Schwäbischer Kirschen-michel mit Schokolade

Für Gourmets

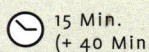 15 Min. (+ 40 Min.)

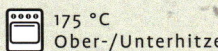 175 °C Ober-/Unterhitze

Meine Variante des Kirschenmichels habe ich mit Schokolade verfeinert und in kleinen Auflaufförmchen gebacken. So kommt das schwäbische Blitz-Dessert in der richtigen Party-Größe auf das Buffet.

ZUTATEN

Für 8 kleine Förmchen
300 g Kirschen, entsteint (frisch oder aus dem Glas)
150 g Weißbrot
150 ml Milch
2 Eier
1 Spritzer Zitronensaft
1 Prise Salz
50 g Butter + etwas mehr zum Fetten der Form
50 g Zucker
Mark von ½ Vanilleschote
100 g Schokoladentropfen
3 EL Mandelblättchen oder Kokosflocken
½ TL Zimt
1 EL Puderzucker

Außerdem
8 kleine Auflaufförmchen

ZUBEREITUNG

① Den Backofen auf 175 °C Ober-/Unterhitze vorheizen und acht kleine, ofenfeste Förmchen mit Butter einfetten.
② Das Weißbrot in Stücke zupfen und ca. 5 Minuten in der Milch einweichen.
③ Die Eier trennen. Eiweiß mit einem Spritzer Zitronensaft und einer Prise Salz steif schlagen.
④ Eigelb, Butter, Zucker und Vanillemark cremig aufschlagen. Das eingeweichte Brot mit der Milch unter die Eigelb-Masse rühren. Dann Schokoladentropfen, Kirschen, Mandelblättchen und Zimt unterrühren, zum Schluss den Eischnee vorsichtig mit einem Löffel unterheben.
⑤ Die Masse gleichmäßig auf die acht Förmchen verteilen und im Ofen auf mittlerer Schiene ca. 40 Minuten goldgelb backen. Nach dem Backen lauwarm abkühlen lassen, mit Puderzucker bestäuben und servieren.

Service

EIN GROSSES DANKESCHÖN AN …

Meinen lieben Mann Stephan dafür, dass du mich bei meinen Buch-Projekten so wunderbar unterstützt hast und dass du mir immer als kritischer und ehrlicher Testesser und Partner zur Seite stehst, egal was ich in der Küche kreiere. Vieles wäre ohne dich nicht möglich, danke für alles!

Meine Familie, die mich in Zeiten, in denen ich an mir und an dem Projekt gezweifelt habe, positiv gestimmt hat. Danke, dass ihr immer für mich da seid!

Meine Großmutter, die mit ihren Rezepten und ihrem Wissen erheblich zum Gelingen dieses Buches beigetragen hat. Danke, liebe Großmutter, für deine tollen Ideen!

Meine Freundin Jeanette, die mir in allen Lebenslagen zur Seite steht. Danke für die wunderbaren Momente und (kulinarischen) Abenteuer, die wir schon gemeinsam erlebt haben. Ganz besonders in Berlin und auf Korsika.

Meinen Freund und Business-Partner Maximilian, mit dem ich schon unzählige spannende kulinarische Projekte und Reisen erlebt habe. Danke für deinen kreativen Input und die schönen Zeiten.

Meine Freundin Christiane, ohne dich hätte es so manches Rezept und Bild nicht in dieses Buch geschafft. Tausend Dank dafür, dass du mir in chaotischen Phasen immer wieder Mut zum Weitermachen machst.

Meine Freunde Marius und Géraldine für euer Dasein und die schönen (kulinarischen) Momente, die wir zusammen haben.

Meine Lektorin Lisa Seibel, die mir mit großem Vertrauen und Unterstützung bei meinen Ulmer-Buchprojekten zur Seite stand. Es macht unglaublich Freude mit dir zusammen zu arbeiten, vielen Dank dafür!

Meine Lektorin Antje Munk, die mich während des kompletten Projekts wunderbar begleitet hat. Danke für die tolle Zusammenarbeit!

Meine LeserInnen, ohne die es meinen Blog Schätze aus meiner Küche und folglich auch keine Kochbücher geben würde. Ganz lieben Dank an dieser Stelle für eure lieben Kommentare und Reaktionen zu meinen Rezepten, Fotos und Beiträgen!

AUTORENINFO & BLOG-ADRESSE
Nileen Marie Schaldach
Auf meinem Food- und Travelblog Schätze aus meiner Küche finden Sie viele leckere Rezepte und kulinarische Reisetipps.
Link zum Blog:
www.schaetzeausmeinerkueche.de

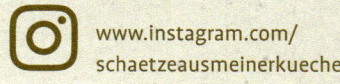

www.instagram.com/schaetzeausmeinerkueche

SCHWÄBISCHE PRODUKTE, BEZUGSQUELLEN UND GASTRONOMIE

Alb-Leisa
www.lauteracher.de
Leckere Linsen von der Schwäbischen Alb, ideal für den Klassiker Linsen mit Spätzle.

Gutes von Hier
www.gutesvonhier.de
Regionale Produkte in Boxen verpackt: Beispielsweise die Linsen & Spätzle-Box mit Kräuter-Apfelessig, Spätzle und Suppengrün (dazu gibt's ein Rezeptbuch).

Frizle
www.frizle.de
Frischer Spätzleteig in den Sorten Eierspätzle, Bärlauchspätzle und Chilispätzle zum Selberpressen.

Metzgerei Failenschmid
www.failenschmid.de
Leckere Fleisch- und Wurstprodukte, z. B. vom Alblinsenschwein oder Albbüffel.

Albgold
www.alb-gold-shop.de
Produkte von der Schwäbischen Alb, wie hausgemachte Pasta, Pesto, Salz, Öl, Spirituosen, Hällische Wurst u.v.m.

Loretto
www.loretto-zwiefalten.de
Ein Hofladen, in dem Sie feine Holzofenbrote und Kuchen sowie frischen Ziegenkäse kaufen können.

Restaurant Speisekammer West
www.speisekammer-west.de
Hier gibt es köstliche schwäbische Küche. Unbedingt probieren sollten Sie die hausgemachten Maultaschen und den Zwiebelrostbraten vom Albrind mit Lembergersauce.

Hohensteiner Hofkäserei
www.albkaes.de
Im Hofladen der Hohensteiner Hofkäserei bekommt man feinen Albkäse von der Schwäbischen Alb.

Stuggi Schorle
www.stuggi-schorle.de
Feine kaltgepresste Saftschorlen aus regionalen Fruchtsaftkeltereien.

Markthalle Reutlingen
www.markthalle-reutlingen.de
Ein vielfältiges Angebot an Fleisch- und Wurstwaren, Käse, Spirituosen, Honig, Obst und Gemüse.

Stuttgarter Markthalle
www.markthalle-stuttgart.de
Eine der schönsten Markthallen mit wunderbaren Ständen und einer großen Vielfalt an Produkten.

Erna & Co.
www.ernaundco.de
Der Foodtruck tourt in und um Stuttgart und verkauft köstliche Maultaschenvariationen, Spätzle und Fleischküchle.

Lou's Maultäschle
www.lousmt.de
Diesen Foodtruck findet man mittwochs auf dem Stuttgarter Marienplatz. Ansonsten ist er rund um Stuttgart unterwegs. Hier gibt es feine Maultaschen, Kartoffelsalat und natürlich Kässpätzle.

Wino Bioland
www.wino.bio
Wein und Bio-Kisten mit Obst und Gemüse.

Weingut Eißler – Steinbachhof
www.steinbachhof.de
Alles rund um den guten Wein.

Bildquellen
Alle Fotos stammen von der Autorin.

IMPRESSUM

Die in diesem Buch enthaltenen Empfehlungen und Angaben sind von der Autorin mit größter Sorgfalt zusammengestellt und geprüft worden. Eine Garantie für die Richtigkeit der Angaben kann aber nicht gegeben werden. Autorin und Verlag übernehmen keine Haftung für Schäden und Unfälle. Bitte setzen Sie bei der Anwendung der in diesem Buch enthaltenen Empfehlungen Ihr persönliches Urteilsvermögen ein. Der Verlag Eugen Ulmer ist nicht verantwortlich für die Inhalte der im Buch genannten Websites.

Bibliografische Information der Deutschen Nationalbibliothek
Die Deutsche Nationalbibliothek verzeichnet diese Publikation in der Deutschen Nationalbibliografie; detaillierte bibliografische Daten sind im Internet über http://dnb.d-nb.de abrufbar.

Das Werk einschließlich aller seiner Teile ist urheberrechtlich geschützt. Jede Verwertung außerhalb der engen Grenzen des Urheberrechtsgesetzes ist ohne Zustimmung des Verlages unzulässig und strafbar. Das gilt insbesondere für Vervielfältigungen, Übersetzungen, Mikroverfilmungen und die Einspeicherung und Verarbeitung in Elektronischen Systemen.

© 2016, 2021 Eugen Ulmer KG
Wollgrasweg 41,
70599 Stuttgart (Hohenheim)
E-Mail: info@ulmer.de
Internet: www.ulmer.de
Lektorat: Antje Krause, Antje Munk
Umschlagentwurf: siegel konzeption | gestaltung, Stuttgart
Herstellung: Isabell Scherrieble, Stephanie Haun
Layoutkonzept und Umbruch:
Michaela Mayländer, Stuttgart, www.sistermic.de
Reproduktion: timeRay Visualisierungen, Jettingen
Druck und Bindung: Firmengruppe APPL, aprinta Druck, Wemding
Printed in Germany

ISBN 978-3-8186-1131-6

Burger & Co 77

Grundrezept Mini-Laugenweckle 79
Grundrezept Mini-Brioche-Buns 81
Zwiebelchutney 83
Lieblingsburgersauce 85
Fleischküchle-Burger im Brioche-Bun 87
Pulled-Pork-Burger mit Krautsalat 89
Mini-LKWs 91
The Swabian Burger 93
Sauerkraut-Burger mit Saitenwürstle 95
Deluxe-Burger 97

Süßes Finale 99

Schwarzwälder-Kirsch-Trifle 101
Schwäbische Nuss-Schneckennudeln 103
Kakao-Schneckennudeln 105
Rosinen-Schneckennudeln 107
Nuss-Ruggele 109
Träubles-Tartelettes 111
Apfelkuchen-Muffins mit Streuseln 113
Süße Hefezöpfle-Sandwiches 115
Schwäbische Flachswickel 117
Zwetschgen-Törtchen 119
Nussecken 121
Mini-Gugelhupfe 123
Schwäbischer Kirschenmichel mit Schokolade 125

Service 126

Dank 126
Autoreninfo & Blog-Adresse 126
Schwäbische Produkte & Shops 127